LA CONSPIRACIÓN DEL CASTELLANO

LA VERDAD SIN CENSURA SOBRE EL MÁS
EXTENDIDO DE LOS IDIOMAS ESPAÑOLES

ALLAN TÉPPER

TECNOTUR LLC

LA CONSPIRACIÓN DEL CASTELLANO

La verdad sin censura sobre el más extendido de los idiomas españoles.

SEGUNDA EDICIÓN (2.0)

(La primera edición es derechos de autor reservados 2013.)

Publicado por TecnoTur LLC

ISBN para la versión impresa de tapa blanda: 978-1-7343294-0-7

Derechos de autor (*copyright*) reservados 2019 según las convenciones estadounidenses, panamericanos e internacionales. Ninguna parte de este libro debe reproducirse o transmitirse sin el permiso por escrito de Allan Tépper/TecnoTur LLC, salvo en el caso de citas breves en reseñas con enlace a laconspiraciondelcastellano.com

CONTENIDO

Agradecimientos — v
Introducción — vii

1. Idiomas que preexisten su respectivo país — 1
2. La similitud entre el Reino de España y el Reino Unido — 3
3. Diccionarios bilingües entre diversos idiomas españoles — 5
4. El daño lingüístico causado por Franco — 7
5. Por qué el idioma que muchos llaman "español" debe llamarse castellano — 11
6. Vicente Fox en el Congreso de la lengua en Valladolid — 15
7. La primera gramática castellana — 25
8. La Real Academia y el Vaticano — 27
9. La gramática de Andrés Bello — 31
10. La ley chilena que favorece el castellano — 33
11. El castellano y el tambor — 35
12. Mitos sobre los términos castellano y Castilian — 37
13. Dónde se habla castellano hoy en día — 39
14. Cuándo es correcto y apropiado decir "español" — 41
15. Preguntas frecuentes sobre el castellano — 43
16. MINAM: Mito de la no acentuación de las mayúsculas — 45
17. ¿Teclado castellano o teclado español? — 47
18. La superioridad del teclado español (ISO) — 49
19. Idioma defectuoso, pensamiento defectuoso — 53
20. La castellanización sana versus el castinglés — 55
21. Por qué la Internet debe ser femenina — 61
22. Lo que el mercado pide es... — 63

23. La amenaza del sóftwer en inglés	65
24. Dilo en castellano, dilo con orgullo	69
25. El abecedario castellano y sus sufrimientos	71
26. El verbo hay: único en su categoría	77
27. ¿Jugo o zumo? ¿Papas o patatas?	81
28. La necesidad de audiolibros y doblajes birregionales	83
29. ¿América Latina, Hispanoamérica, Iberoamérica, Latinoamérica o qué?	87
30. El plural de TÚ y su respectivo agujero negro	91
31. Ventajas del tuteo	95
32. ¿Conviene traducir los nombres propios?	97
33. Los nombres propios, su grafía y su ortografía	101
34. Ciudades de los EE.UU. y su grafía oficial en castellano	103
35. El voseo singular	109
36. ¿Por qué tildo mi apellido?	119
37. Feliz cumpleaños no es igual a Happy Birthday	121
38. Algunos sueños se cumplen...	123
Acerca del Autor	127
Otras obras de Allan Tépper	129
Agradecimientos y divulgaciones	131

AGRADECIMIENTOS

Gracias a todos los que me han ayudado a aprender el idioma castellano, oficial y extraoficialmente.

Agradezco además a:

- Antonio de Nebrija (1441 – 1522)
- Miguel de Cervantes Saavedra (1547 – 1616)
- Rey Carlos III (1716 – 1788)
- Andrés Bello (1781 – 1865)
- Ilan Chester (1952 – presente)

por su colaboración al difundir la realidad sobre el idioma castellano, cada cual a su manera única.

INTRODUCCIÓN

Para los que aún no me conocen, soy estadounidense y el primer idioma que hablé fue el inglés. Nací y me crié en el estado de Connécticut. Sin embargo, debido a una extraña anécdota que se presentó durante mi niñez, relacionada con la gata de mi abuela, me interesé intensamente en el idioma castellano, aunque todavía no sabía cómo debía llamarse correctamente. Mis padres no lo hablan, ni tampoco mis abuelos, bisabuelos o tatarabuelos.

La anécdota de la gata de mi abuela

Cuando tenía ocho años, me encontraba de visita en casa de mi abuela en una importante ciudad del estado de Connécticut, EE.UU. Mientras jugaba en el jardín con mi hermanito, vi salir a una vecina de la casa adyacente para dar una vuelta caminando. La señora —contemporánea de mi abuela— había dejado la puerta entreabierta y no vio cuando una de las tres gatas de mi abuela entró para curiosear. Con toda la timidez que tenía a los ocho años, me acerqué a la señora para informarle (en inglés, mi único idioma hasta ese momento): "Disculpe señora. La gata de mi abuela acaba de entrar en su casa".

En ese momento supe que la señora no hablaba inglés porque me contestó en castellano, idioma que aún yo no entendía. Estuvimos aproximadamente cinco minutos intentando comunicarnos sin éxito. Por fin la gata salió de la casa por su cuenta, se la señalé a la señora y todo resuelto. Sin embargo, me sentí tan impotente al no poder comunicarme con la señora. En ese instante, me propuse aprender ese segundo idioma que se hablaba en mi país. Por eso suelo decir que le debo mi castellano a una travesura de la gata de mi abuela.

A los 13 años, tuve la primera oportunidad de estudiar castellano en la escuela pública en Connécticut, aunque lamentablemente me enseñaron mal el nombre de dicho idioma. Pasaron más de tres años hasta que yo escuchara por primera vez el nombre apropiado del idioma (castellano), aunque lamentablemente sin la explicación adecuada. A través de los primeros años de aprendizaje del idioma que comencé a adorar, me expuse a muchos regionalismos, muchas verdades y muchos mitos sobre él, su nombre y sus reglas. Años después, durante mis años universitarios en la ciudad esdrújula de Íthaca, Nueva York, la ATA (*American Translators Association*) me certificó como traductor. A través de varias décadas, varios fabricantes me han contratado traducciones tecnológicas de sus manuales y publicidad, aunque no me dedico principalmente a ese oficio, como hacen varios de mis amigos.

¿Por qué escribí este libro?

No sé tú, amig@ lector/a, pero yo no soporto la terminología errónea o manipuladora, porque sé que *las palabras crean mundos* en la mente de la gente. Tampoco soporto cuando algunas personas declaran "reglas" sobre el idioma castellano que resultan ser mitos. Los términos mal empleados crean un mundo torcido y distorsionado... y los mitos, ni hablar. A través de los próximos capítulos, aprenderás varias verdades, de las cuales algunas conocerás previamente y otras te sorprenderán. También te expondrás a curiosidades relacionadas y propuestas mías. ¿Cuál es mi fin? Lograr una mejor comprensión sobre las realidades del idioma castellano, tanto para los castellanohablantes como para los hablantes de otros idiomas, con relación al castellano. Las veces que señalo mitos y verdades sobre asuntos de grafías, gramática y ortografía, mi intención no es sustituir las tantas gramáticas y guías de estilo que existen, sino sólo aclarar algunos de los casos más comunes que he confrontado donde veo que existen enormes dudas populares.

Allan Tépper

1
IDIOMAS QUE PREEXISTEN SU RESPECTIVO PAÍS

Muchos de los idiomas que se hablan hoy en día preexisten el país con el que se asocian principalmente. A continuación unos ejemplos:

- En la India, se hablan múltiples idiomas oficiales, pero ninguno se llama "el indio".
- En Irán, el idioma oficial es **el farsi** (también conocido como **el persa**). No existe ningún idioma llamado "el iraní".
- En Israel, el idioma oficial actual se llama **el hebreo**. No existe ningún idioma llamado "el israelí".
- Cuando existía la Unión Soviética, los nativos hablaban muchos idiomas, pero ninguno se llamaba "el soviético".

Todo esto es un preámbulo para el próximo capítulo, que habla de la similitud que hay entre el Reino de España y el Reino Unido.

2
LA SIMILITUD ENTRE EL REINO DE ESPAÑA Y EL REINO UNIDO

Tanto el Reino de España como el Reino Unido son *reinos unificados*. Es decir que ambos son países que previamente eran reinos independientes. Muchos de ellos contaban —y siguen contando— con diversos idiomas particulares.

En el caso del Reino Unido, existen idiomas como **el córnico** (cornuallés), **el galés** (*Cymraeg*), **el gaélico** (lenguas goidélicas) incluyendo **el irlandés** (gaélico irlandés moderno), **el escocés** (gaélico escocés) y **el manés**. Si al idioma inglés la gente se atreviera a denominarlo como "el reinounidense", seguramente habría protestas de los hablantes de estos otros idiomas.

En el Reino de España, donde la Constitución de 1978 otorga la autoridad a las comunidades autónomas para clasificar idiomas como oficiales (como citaremos más adelante en este libro), existen varios, por ejemplo:

- **el castellano** (el mismo que muchos lamentablemente llaman "el español" como si existiera un solo idioma español)
- **el catalán**
- **el euskera** (también conocido como **el vasco**)
- **el gallego**
- **el occitano** (ver comentarios a continuación)
- **el valenciano** (ver comentarios a continuación)

Aunque el occitano no es un idioma exclusivo de España, el Estatuto de Autonomía de Cataluña del 2006 estableció la oficialidad de la lengua occitana en toda Cataluña, y fue ratificada mediante la ley aprobada en el Parlamento de Cataluña en el 2010, por la que el occitano, en su variante aranesa, se declaró lengua cooficial en Cataluña, aunque de uso preferente en el Valle de Arán.

El valenciano ahora es otro idioma oficial de España (ya no considerado dialecto del idioma catalán) y regulado por la Academia Valenciana de la Lengua.

Esta lista de idiomas oficiales de España podría ser incompleta cuando leas este libro y excluye los idiomas no oficiales.

3
DICCIONARIOS BILINGÜES ENTRE DIVERSOS IDIOMAS ESPAÑOLES

A continuación comparto dos portadas de diccionarios bilingües entre diversos idiomas españoles que una vez me trajo de España mi amigo Enrique López Quesada, por mi petición. (Aunque Enrique es ciudadano español, actualmente reside en Guatemala.)

En ambos casos, los diccionarios hacen referencia correcta al idioma castellano (o su respectiva traducción directa), ya que sería absurdo decir "de catalán al español" o "de euskera a español", tomando en cuenta que los tres son idiomas españoles.

4
EL DAÑO LINGÜÍSTICO CAUSADO POR FRANCO

Francisco Franco (1892-1975) fue el dictador español que más recientemente causó daño lingüístico relacionado con el castellano y su papel entre los otros idiomas españoles. Durante los años que Franco estuvo en el poder, hizo ilegal la enseñanza y uso público de los otros idiomas españoles (más allá del castellano). Además, envió sus soldados a quemar en hogueras los libros que contenían el idioma catalán [fuentes: *Catalunya sota el règim franquista* (Edicions Catalanes de París, 1973) de Josep Benet i Morell y la conferencia *Pompeu Fabra i Poch. Semblança biogràfica* de Joan Solà (IEC, Barcelona, 2006)]... por lo menos, los que lograron encontrar. Afortunadamente los catalanes fueron astutos y pudieron ocultar algunos. En mi opinión, el mejor término que existe para describir esta cruel misión es el *lingüicidio* (palabra compuesta de *genocidio lingüístico*).

La misión básica del lingüicidio de Franco afortunadamente

falló y hoy en día existen programas de radio y TV, libros actuales y periódicos diarios en varios de los idiomas españoles.

Sin embargo, el efecto secundario de la misión lingüística de Franco es el hecho de que mucha gente en el planeta Tierra lamentablemente llama "español" al idioma castellano. Por otro lado, conozco un señor catalán cuyo nombre debería ser *Jordi*, pero por las reglas de Franco, tuvieron que bautizarlo como "Jorge", que viene siendo la traducción del nombre en castellano. Sus padres prometieron llamarlo siempre "Jordi" a pesar del bautismo forzado como "Jorge".

A continuación, una lista incompleta de órdenes y decretos lingüísticos emitidos durante el régimen de Franco:

- Orden del Ministerio de Justicia de 18 de mayo de 1938, publicado en el BOE nº 577 de 28/5 de ese mismo año (disponible en PDF) donde se prohíben los nombres que no figuren en el santoral y no estén en castellano (salvo para los extranjeros y los no bautizados en la fe católica -que podrán usar su propio santoral o nombres castellanizados de personajes históricos reconocidos-).
- Orden del Ministerio de Organización y Acción Sindical de 21 de mayo de 1938, BOE nº 582 de 26/5 (disponible en PDF), en que se prohíbe el uso de cualquier idioma que no sea el castellano en «en los títulos, razones sociales, Estatutos o Reglamentos» y en las «asambleas y Juntas» de las entidades que dependen de ese Ministerio.

- Orden del Ministerio de la Gobernación de 7 de marzo de 1941, por la que se aprueba el Reglamento para el Régimen y Servicio interior del Cuerpo de Telégrafos, BOE nº 205, de 24/07 (disponible en PNG), para España solamente se admite el castellano para los telegramas en «lenguaje claro» (y para enviar hay un listado de idiomas admitidos, entre los que no están ninguno de los otros idiomas hablados en España).
- Órdenes de mayo y julio de 1940 sobre el uso del castellano en rótulos, nombres, marcas y demás (son tres normas del Ministerio de Industria y comercio: omic19400516, omic19400520 y omic19400708).
- Decreto 2 de junio de 1944, «Reglamento de la Organización y Régimen del notariado» publicado en BOE nº 189 de 7/7, Art. 148, deja claro que todos los instrumentos deben estar solamente en castellano (disponible en PNG).
- Orden de 23 de abril de 1941 en que se obliga a todas las películas proyectadas a estar en castellano.

Según Bitacora.Jomra.es:

> Hay que sumar, además, la actuación de la Dirección General de Prensa que, de forma constante y reiterada, prohibía publicaciones de revistas o periódicos que no estuvieran en castellano, todo lo que se autorizara en «otros idiomas» (como esos ejemplos que algunos ponen para defender la libertad lingüística donde no la hubo) estaban autorizados por un fin político, no porque la

normalidad diera como resultado la publicación de escritos en idiomas distintos al castellano.

A través de los años, he tenido el gusto de conocer a varios españoles de distintas regiones del país, de la misma forma que he conocido a muchos argentinos, colombianos, costarricenses, cubanos, dominicanos, guatemaltecos, puertorriqueños, salvadoreños y venezolanos. He descubierto que no es suficiente conocer a una sola persona de un país —o siquiera una sola persona de una ciudad particular— para saber cómo piensan las personas de dicha ciudad o país. Cada persona es un mundo y si invitamos a dos personas de la misma ciudad, frecuentemente discutirán sobre "hechos" lingüísticos que me han declarado previamente y resultan ser contradictorios. Sin importar la ciudad o el país, es imprescindible tener un buen muestreo antes de sacar conclusiones. Esto se aplica tanto a "cómo se dice x término" o hasta qué punto le importa que se le llame "español" al castellano. Desde antes de conocerme, algunos ya compartían mi opinión, otros utilizaban los dos términos como sinónimos pero al oír mis explicaciones comenzaron a llamarlo exclusivamente **castellano**… y un tercer grupo lamentablemente sufre de apatía al respecto.

5
POR QUÉ EL IDIOMA QUE MUCHOS LLAMAN "ESPAÑOL" DEBE LLAMARSE CASTELLANO

Así como los ejemplos indicados anteriormente en este libro, el castellano es otro idioma que preexistió el país donde ahora es el idioma oficial (junto con otros que —según la Constitución Española— también son oficiales en sus respectivas regiones). Es tanto impreciso como peyorativo denominar "español" al idioma castellano. Sería incoherente llamar "reinounidense" al inglés (aunque la palabra **reinounidense** es totalmente válida en otros casos, como cubriremos más adelante en este libro). En el Reino Unido, seguramente se ofenderían los hablantes del córnico (cornuallés), del galés y del irlandés (gaélico irlandés moderno), del escocés (gaélico escocés) y del manés si el Rey del Reino Unido quisiera imponerle el nombre "reinounidense" al idioma inglés en un Reino donde se hablan varios idiomas en forma nativa. Durante la era de la Unión Soviética— habría sido absurdo que un ruso dijera: "Hablo soviético". También sería incorrecto decir que el idioma oficial de Israel es el "israelí" o que el oficial de Irán es el "iraní". El idioma oficial de Israel es el hebreo. El idioma oficial de Irán es el farsi (también conocido como el persa). El punto es que en todos esos países (Irán, Israel, el Reino Unido y —desde luego— España), el idioma oficial existió muchísimo antes de la estructura política actual y por eso la denominación del idioma en ninguno de estos países es igual al nombre del país.

Después de la muerte de Franco, la nueva Constitución Española de 1978 afortunadamente corrigió el intento de lingüicidio y en su Artículo 3 declara:

1. El castellano es la lengua española oficial del Estado. Todos los españoles tienen el deber de conocerla y el derecho a usarla.
2. Las demás lenguas españolas serán también oficiales en las respectivas Comunidades Autónomas de acuerdo con sus Estatutos.
3. La riqueza de las distintas modalidades lingüísticas de España es un patrimonio cultural que será objeto de especial respeto y protección.

Además, la Constitución de varios países de las Américas — entre ellos la de Bolivia, Colombia, Ecuador, El Salvador, Paraguay, Perú y Venezuela— también declaran que el idioma oficial es el castellano (junto con otros idiomas en algunos casos). En la mayoría de las escuelas y colegios venezolanos, en la boleta de calificaciones, la clase se llama "Castellano y literatura". Aunque la Constitución de su país actualmente no indica ningún idioma oficial, el ex Presidente Vicente Fox declaró:

"Con el castellano podemos atravesar veinte fronteras sin que perdamos comunicación...".

En el próximo capítulo veremos su discurso completo que al respecto dio durante la inauguración del Congreso de la lengua en Valladolid.

6
VICENTE FOX EN EL CONGRESO DE LA LENGUA EN VALLADOLID

Durante la inauguración del Congreso de la lengua en Valladolid, el Presidente Vicente Fox pronunció las siguientes palabras:

Señoras y señores:

Valladolid, ciudad milenaria que fue frontera entre la España de la cristiandad y la España del Islam, altar del matrimonio de Isabel de Castilla y Fernando de Aragón, lecho de muerte de Cristóbal Colón, cuna de Felipe II y lugar de residencia de Miguel Cervantes, también fue testigo y artífice del nacimiento de la lengua que nos une y que ahora nos convoca.

Hace poco más de mil años, a juzgar por los más antiguos testimonios escritos de los que se tenga noticia, nació la lengua castellana en esta región de la Península Ibérica, como una transformación del latín, la lengua del imperio que alguna vez se soñó inmortal.

Mil años son muchos años de historia que gravitan sobre los cerca de 400 millones de personas que día a día hablan, trabajan, estudian, juegan, viajan, comercian y crean en la lengua del romancero y del corrido; muchos años que le dan tradición y raigambre a los veinte países que la tienen por lengua oficial.

Pero mil años no son demasiados si los contraponemos con el tiempo que auguramos a la pervivencia de los ideales de paz, de justicia, de libertad, encarnados por Don Quijote de la Mancha, que de Miguel de Cervantes a Octavio Paz, de Sor Juana Inés de la Cruz a Gabriela Mistral, de Simón Bolívar a Jorge Luis Borges, han anhelado los más claros hombres y mujeres que ha dado nuestra lengua.

Que ha dado nuestra lengua, digo, porque la lengua no sólo nos permite la comunicación sino que configura nuestro pensamiento, nuestra sensibilidad, nuestra visión del mundo. La lengua de algún modo nos crea, nos conforma, nos define. Después del descubrimiento de América, sobrevino la conquista política del Nuevo Mundo. América fue incorporada al repertorio de ideas y de valores en que a la sazón se sustentaba la cultura española. Y con la lengua, se establecieron las creencias, las ideas, los valores, la concepción del mundo propios de la hispanidad.

Antes de la llegada de los españoles, nuestra América era

un rico mosaico de muy diversas culturas, algunas ciertamente desarrolladas, con múltiples y muy variadas lenguas, pero sin una identidad común ni una lingua franca. La conquista espiritual del Nuevo Mundo le dio a la lengua de Castilla una proyección territorial tan amplia que contribuyó lo mismo a su expansión en la propia Península Ibérica que a la unidad de la que la América española carecía.

Efectivamente, a lo largo de estos mil años de historia de nuestra lengua, el castellano se expandió por terrenos tan disímiles y apartados los unos de los otros como La Mancha y Los Andes, Antofagasta y el Caribe, el altiplano de México y la ribera del Río de Plata. Con la participación de Hispanoamérica en el concierto de la lengua de Bernal Díaz del Castillo y de Francisco de Terrazas, el castellano, lejos de corromperse o adulterarse, como pensaron algunos puristas del pasado, se enriqueció portentosamente porque, como dice Pablo Neruda, «Las palabras tienen de todo lo que se les fue agregando de tanto rodar por el río, de tanto transmigrar de patria, de tanto ser raíces...».

Con nuestros usos peculiares, nuestra extremada cortesía, nuestra fina sensibilidad, nuestra maravillosa expresión literaria, los hispanoamericanos hemos logrado hacer realidad aquella imagen feliz del retorno de las carabelas, cargadas, de regreso a la Península, con las enormes aportaciones que nuestra diversidad lingüística ha hecho a la unidad a la que pertenecemos; con las joyas verbales que hemos incorporado al patrimonio compartido de una lengua común.

La lengua es, en efecto, el común denominador de nuestros países. Gracias a ello, gozamos de una cohesión cultural que no debe desestimar las peculiaridades propias del habla de cada región, sino propiciar sus resonancias en el universo hispanoparlante, ni debe relegar a un segundo plano la concomitancia, ciertamente enriquecedora, de las lenguas indígenas que en algunos países, como el que me honro en representar, constituyen, por su cantidad y por su diversidad, un extraordinario patrimonio cultural. Éste es un patrimonio del que nos sentimos profundamente orgullosos en mi país, al que respetamos y queremos proteger y estimular, como parte insustituible de la inteligencia común de nuestra nación.

Con el castellano podemos atravesar veinte fronteras sin que perdamos comunicación; sólo hacemos, en esos casos, más amplio el espectro de nuestro vocabulario ante la emergencia de las voces locales, que suelen causar más simpatía que desencuentro. La lengua común nos ha dado una consistencia extraordinariamente unida en la diversidad, cuyos alcances todavía no hemos explorado lo suficiente, y es que debemos admitir con Simón Bolívar que nuestras fronteras son más cosa de la geografía que de la historia y más de la política que de la cultura. El caso de Brasil merece mención aparte. El castellano ha sido declarado en Brasil la lengua de enseñanza y aprendizaje necesaria en las escuelas e institutos de educación media y superior.

Así, tanto en el norte como en el sur del continente, la comunidad hispanoparlante representa una masa crítica ineludible para las culturas que tienen frontera con ella. México deberá jugar un papel importante en colaborar con nuestros hermanos brasileños en su decisión de adoptar el castellano como segunda lengua, particularmente en el entrenamiento de los maestros que tendrán que encarar la enorme tarea de la enseñanza de este segundo idioma entre la juventud brasileña.

El país en el que la lengua castellana cuenta con el mayor número de hablantes es México. Una cuarta parte de quienes hablan castellano viven allí. Y como si esto fuera poco, los mexicanos que por diversas razones han emigrado a los Estados Unidos, en general, siguen manteniendo viva su lengua primigenia.

La difusión y defensa del castellano tienen entre nosotros una larga tradición. Una institución que se ha esmerado en ello es la Universidad Nacional. Hace justamente 450 años que, por disposición de la Corona española, la Universidad quedó establecida en México, con los mismos privilegios, franquicias y libertades que la Universidad de Salamanca.

Hoy ese esfuerzo se multiplica a través de nuestros consulados en la Unión Americana, gracias a un proyecto de colaboración entre la Universidad y las áreas culturales de nuestra Chancillería. Y como si esto fuera poco, los mexicanos que por diversas razones han emigrado a los

Estados Unidos en general siguen teniendo viva su lengua primigenia.

La capacidad de adaptación a las costumbres, leyes y expresiones norteamericanas, va aparejada entre mexicanos e hispanoamericanos a una honda lealtad cultural, y por supuesto lingüística, que hace de cada migrante mexicano o hispanoamericano un importante elemento aglutinador de sus hermanos en el extranjero. Además, seguir hablando castellano en Estados Unidos es hacer patria.

La diversificación de los instrumentos y medios de comunicación combinada con esa lealtad cultural a la que he aludido, ha auspiciado un desarrollo inédito en las prácticas culturales verificadas en lengua castellana.

Desarrollo, por cierto, que no ha escapado a los productores de cine y televisión, a los editores de revistas, periódicos y libros, a los promotores culturales y a un ejército de educadores y maestros que saben que la esfera del mundo —incluidas la política y la economía— tiene uno de sus polos en el idioma de Cervantes.

Señoras y señores:

Hace apenas unos años era frecuente escuchar que debíamos cerrar las fronteras para proteger nuestra identidad. Se temía que la apertura nos contaminara y acabara por degradar nuestros valores culturales. El panorama actual no es, empero, el que vaticinaban quienes propugnaban el ensimismamiento.

En Chicago o Nueva York, Los Ángeles, Miami o San Francisco, el castellano, como decía antes, es una lengua viva, que se habla, que se escribe, que se publica, que se filma, que se transmite televisivamente, que se radiodifunde.

Por otra parte, en el interior de nuestros países hemos visto resurgir con fuerza múltiples grupos que reclaman el reconocimiento de sus costumbres, de sus creencias y de sus lenguas. Cuando miramos el mapa de nuestro mundo cambiante, podemos constatar que hoy por hoy el monolingüismo ya no es la condición natural de muy buena parte de los habitantes del planeta.

En América, Asia, África y Europa viven hombres y mujeres que transitan cotidianamente de una lengua a otra y que, por ello, amplían el espectro de su cultura y, al entender mejor al otro, se entienden mejor a sí mismos.

Así las cosas, tendremos que fortalecer nuestra identidad idiomática y cultural sin levantar barreras que nos aíslen; tendremos que preservar y enriquecer nuestro legado en un mundo que ya empezó a transitar por el camino de la globalización.

En el amor al idioma y a la tradición que atesora se cifran nuestras mayores esperanzas. Y este amor no está reñido con la apertura. De Alfonso X el Sabio a Alfonso Reyes —otro sabio y otro Alfonso—, nuestra lengua ha conformado una tradición de apertura a otras ideas, a otras lenguas, a otras culturas.

Al defender nuestra lengua, sin cerrazón, sólo con amor y con orgullo, les estamos dando a las nuevas generaciones el más poderoso instrumento para habitar el mundo. Para habitarlo y para imaginar, pensar, discurrir, criticar, soñar. Para crear espacios de entendimiento, porque la fuerza del idioma estriba en su capacidad para hacer que sus hablantes convivan, se entiendan, ejerzan la crítica y el humor, el gusto y la vida pública.

No es otra cosa que la democracia. Como decían los antiguos mexicanos, cuyo pensamiento nos ha hecho conocer Miguel León Portilla, donde impera la palabra, no impera la violencia.

Desde luego, estoy de acuerdo completamente con el mensaje de Vicente Fox. Además, aplaudo el hecho de que en todo momento, se refirió al idioma como **castellano**. Apenas discrepo con algunas pocas de sus grafías, como explicaré a continuación en este libro.

Por otro lado, cuando Vicente dice:

"Que ha dado nuestra lengua, digo, porque la lengua no sólo nos permite la comunicación sino que configura nuestro pensamiento, nuestra sensibilidad, nuestra visión del mundo,"

No solamente estoy de acuerdo, sino que reconozco que esto se aplica también a *la terminología* que utilizamos. Por eso indiqué en la Introducción de este libro que *las palabras crean mundos*. El uso indebido de una palabra como "español" en lugar de —o como sinónimo de— **castellano** causa una mala configuración del pensamiento del ser humano. En primer lugar, los extranjeros que sólo han oído hablar del "español" lógicamente se imaginan erróneamente que existe un solo idioma nativo en España. Por otro lado, este fenómeno puede causar que una señorita catalana o un señor vasco se sienta extranjero en su propio país de España, así como una chilena puede sentirse extranjera en su propio continente cuando alguien, de manera crasa, utiliza la palabra "americano" para referirse exclusivamente a los EE.UU. Sin embargo, al llamar **castellano** al idioma castellano, subrayamos el hecho de que tanto el castellano, como el catalán, el euskera, el gallego, el valenciano y otros son *idiomas españoles* (en plural) así como lo indica la Constitución Española de 1978, que citamos en el capítulo anterior de este libro.

LA PRIMERA GRAMÁTICA CASTELLANA

La primera *Gramática castellana* fue escrita por Antonio de Nebrija y publicada en 1492. A nuestro entender, es la primera obra que fue dedicada al estudio de la lengua castellana y sus reglas. El nombre más completo de Antonio es **Elio Antonio Martínez de Cala y Xarana**, aunque es más conocido como **Elio Antonio de Nebrija, de Nebrixa o de Lebrija**. Nació en el año capicúa de 1441 y murió en 1522.

8

LA REAL ACADEMIA Y EL VATICANO

La Real Academia Española se fundó en 1713. El título de su primer diccionario fue *Diccionario de la lengua castellana compuesto por la Real Academia Española*. A continuación verás la carátula del mismo.

El nombre de este *Diccionario* coincide con el de la primera *Gramática castellana* de 1492 que cubrimos en el capítulo anterior. Desde 1780 hasta 1925, la Real Academia Española mantuvo el nombre correcto del idioma (castellano) en el título. La primera versión con el título contaminado fue apenas en la edición del *Diccionario* de 1925, que tristemente se ajustó para llamarse *Diccionario de la lengua española*.

Hagamos cuentas: Entre 1492 (el año de la publicación de la primera *Gramática castellana* de Nebrija, cubierta en el capítulo anterior) y 1925 (el año de la traición de la Real Academia Española), tuvimos 433 años de congruencia sobre el nombre indicado del idioma castellano.

Así como la Real Academia Española cometió un crimen contra la humanidad en 1925, el Vaticano cometió uno similar en 1632, cuando Galileo publicó en Florencia su *Diálogo sobre los dos Máximos Sistemas, tolomeico y coperniquiano*, en el que defendía la concepción heliocéntrica del universo formulada por Copérnico, frente a la afirmación de que el sol giraba en torno a la Tierra, que estructuraba el sistema de Tolomeo. Como resultado directo, el Vaticano lo condenó a prisión.

Afortunadamente, en 1992, el Papa Juan Pablo II —359 años después de la sentencia— descalificó la condena injusta de Galileo y rehabilitó al filósofo y matemático de Pisa, al tiempo que presentó el libro *Copérnico, Galileo y la Iglesia: fin de la controversia* (1820), en el que se establece que decir que la Tierra gira alrededor del Sol no es blasfemia.

De la misma manera que el Papa Juan Pablo II reconoció el crimen del Vaticano y lo corrigió, pronto veremos que el director de la Real Academia Española hará lo mismo, restableciendo el nombre indicado del *Diccionario*. Ojalá que el director de la RAE lo haga en forma paralela, presentando este libro que estás leyendo, *La conspiración del castellano*.

Mientras tanto, el señor Javier Llorente, ingeniero de la informática y creador de la aplicación Android que accede directamente al *DRAE*, se ha adelantado al crear el nombre, *Diccionario castellano de la Real Academia Española*, en su programa.

¡Estupendo! Aunque hasta ahora no lo conozco personalmente, ¡gracias Javier!

Observación de la segunda edición: Esta aplicación ha sido retirada de la tienda PlayStore de Android, pero todavía se encuentra en mi teléfono Android y está a la orden para quienes me la pidan.

LA GRAMÁTICA DE ANDRÉS BELLO

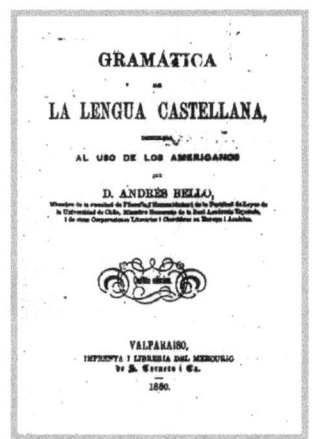

A precio muchísimo esta obra de Andrés Bello (1781 — 1865), venezolano nacionalizado en Chile. Adoro el título, *Gramática de la lengua castellana destinada al uso de los americanos*, porque nombra debidamente tanto el idioma como a los habitantes de la zona. América es el nombre de un continente, no de un país particular. Por eso, la OEA (Organización de Estados Americanos) se llama así. Chile y Venezuela estuvieron entre los 21 países fundadores de la OEA, al igual que mi país, Estados Unidos.

La publicación fue en abril de 1847.

10

LA LEY CHILENA
QUE FAVORECE EL CASTELLANO

La Ley Orgánica Constitucional de Enseñanza (N° 18.962) del Ministerio de Educación publicada el 10 de marzo de 1990, indica en el Artículo 11 que:

"Los alumnos de la enseñanza básica deberán alcanzar los siguientes requisitos mínimos de egreso: punto a) Saber leer y escribir; expresarse correctamente en el idioma castellano en forma oral y escrita, y ser capaz de apreciar otros modos de comunicación."

Bravo a los legisladores chilenos, porque también emplearon el nombre indicado del idioma: ¡castellano!

11

EL CASTELLANO Y EL TAMBOR

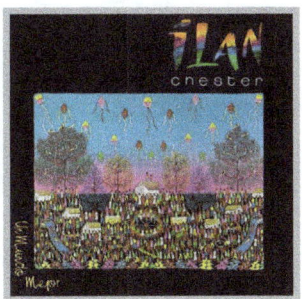

El cantante venezolano, Ilan Chester (nacido como Ilan Czenstochouski en Israel), es uno de mis preferidos. Sin ser hispano, conozco y aprecio muchísimas canciones de Ilan, pero mi preferida se llama **El castellano y el tambor**, del álbum *Un mundo mejor*.

. . .

¡Gracias Ilan por crear un mundo mejor (en parte) al llamar debidamente al castellano!

12

MITOS SOBRE LOS TÉRMINOS CASTELLANO Y CASTILIAN

Hay quienes dicen erróneamente que el "castellano" es la versión del idioma hablado en algunas regiones de España, donde se diferencia la pronunciación de las letras **c** y **z**. Es un mito lamentable. El nombre del idioma es **castellano** sin importar que se pronuncia la **c** y la **z** con sus sonidos especiales o como la **s**, que suele ocurrir en ciertas partes de Andalucía, las Islas Canarias y en las Américas.

Existen diferencias entre el inglés australiano, el inglés bahameño, el inglés canadiense y el inglés estadounidense. Inclusive existen diferencias regionales en inglés de Boston, el de Georgia y el de Nueva York, pero todos siguen siendo inglés, así como existen diferencias entre el castellano argentino, el castellano chileno, el castellano colombiano, el castellano cubano, el castellano puertorriqueño y el castellano venezolano. Sin embargo, siempre sigue siendo castellano.

También existen personas que afirman que debe llamarse castellano el idioma de una obra antigua como el *Cantar del mio Cid* pero no lo que se llama el idioma actual. Eso tampoco tiene sentido. Es como decir que lo que hablaba Shakespeare era inglés, pero lo que se habla hoy en día, no lo es. Lo que hablamos hoy en día es castellano moderno e inglés moderno.

13
DÓNDE SE HABLA CASTELLANO HOY EN DÍA

 continuación una lista (probablemente incompleta) de lugares donde se habla el castellano como principal o segundo idioma:

- Andorra (como segundo idioma)
- Argentina
- Bolivia
- Chile
- Colombia
- Costa Rica
- Cuba
- Ecuador
- España
- El Salvador
- Estados Unidos (como segundo idioma)
- Guatemala

- Guinea Ecuatorial
- Honduras
- Méjico ("México")
- Nicaragua
- Panamá
- Perú
- Paraguay
- Puerto Rico
- República Dominicana
- Venezuela
- Uruguay

14
CUÁNDO ES CORRECTO Y APROPIADO DECIR "ESPAÑOL"

Es apropiado utilizar el término **español** como adjetivo para describir cosas o personas relacionadas con España, como en los siguientes ejemplos:

- El castellano es el idioma **español** más ampliamente utilizado en el mundo. El catalán, el euskera (vasco), el gallego y el valenciano también son importantes idiomas **españoles** en sus regiones particulares.
- Frecuentemente cito la Constitución **Española**.
- La danzas **españolas** (como el flamenco), la comida **española** y el vino **español** se conocen a través del mundo.

Como habrás observado, cuando la palabra **español** se refiere a los idiomas, lo hace de forma plural, cuando hablamos de los idiomas africanos, asiáticos o europeos.

15
PREGUNTAS FRECUENTES SOBRE EL CASTELLANO

¿Por qué el idioma castellano se llama castellano?

El castellano se llama así porque nació en Castilla (una nación histórica que ahora forma parte del Reino de España), así como el inglés se llama **inglés** porque se originó en Inglaterra (que ahora forma parte del Reino Unido). España es realmente un grupo de países independientes que se unificaron, así como el Reino Unido es un conjunto de países que hicieron lo mismo.

Pero es mi idioma natal. ¿Cómo es posible que me hayan engañado sobre algo tan importante como su nombre?

Por el motivo que sea, tus maestros te engañaron. Pudo haber sido intencional (pueden ser franquistas) o pueden ser personas que ya habían caído víctimas de la doctrina lingüística de Franco, sin estar conscientes de ello. Pero la amplia evidencia está en todas las páginas que has leído hasta ahora. No es la primera ni la única vez que se ha manipulado la historia.

¡Ya es hora de acabar con el encubrimiento! Informemos al mundo: ¡Lo que hablamos es castellano... y también honramos y respetamos los otros idiomas españoles!

16

MINAM: MITO DE LA NO ACENTUACIÓN DE LAS MAYÚSCULAS

Creo que tendría muchísimo dinero si tuviera un dólar o euro por cada persona que ha declarado (erróneamente) que no hay que tildar (acentuar) las mayúsculas. Más allá de la lógica, a continuación compartiré contigo la regla textual de la Real Academia Española:

Tilde en las mayúsculas

Las letras mayúsculas deben escribirse con tilde si les corresponde llevarla según las reglas de acentuación gráfica del español (sic), tanto si se trata de palabras escritas en su totalidad con mayúsculas como si se trata únicamente de la mayúscula inicial:

Su hijo se llama Ángel.

ADMINISTRACIÓN

ATENCIÓN, POR FAVOR.

La Real Academia Española nunca ha establecido una norma en sentido contrario.

Hace muchos años, cuando mi colega Alexis Márquez Rodríguez (que en paz descanse), autor del libro *Con la lengua*), recibió una pregunta al respecto de este tema de un lector de su columna en el periódico venezolano *El Nacional*, él respondió al lector afirmando tanto la lógica como las reglas relacionadas. Al mismo tiempo, comentó de los retos tecnológicos para lograrlo en las máquinas de escribir mecánicas y en las computadoras (de esa época). Desde los Estados Unidos me enteré de su columna e inmediatamente le envié un sobre con la solución tecnológica en un disquete, junto con varios artículos míos. La siguiente semana, tuve la grata sorpresa de recibir una llamada telefónica de mi amiga, la escritora venezolana Cristina Policastro, que me confirmó que Alexis Márquez Rodríguez había dedicado su siguiente columna para hablar de las soluciones tecnológicas que le había brindado… y para citar artículos míos sobre la castellanización de términos extranjeros (que cubriremos más adelante en este libro).

¿TECLADO CASTELLANO O TECLADO ESPAÑOL?

¿Es correcto decir **teclado castellano** o **teclado español**? Depende:

Por lo general, los teclados *físicos* se clasifican por región, no por idioma*. Por lo tanto, no existen teclados físicos ingleses ni tampoco teclados físicos castellanos. En cambio, existen teclados físicos australianos, canadienses, estadounidenses y reinounidenses**, así como hay teclados españoles y teclados latinoamericanos***.

Los teclados *virtuales* en cambio —los que encontramos en los teléfonos inteligentes (Android y iPhone) y tabletas (Android y iPad)— sí se clasifican por idioma, aunque suelen tener una distribución muy similar a la de su respectiva región, por lo menos como vienen de fábrica.

*Existen algunas pocas excepciones a la regla de los teclados físicos, por ejemplo el teclado alemán suizo y el canadiense francés.

Efectivamente, el gentilicio del Reino Unido en castellano debe ser **reinounidense. No es suficiente usar **británico** para referirnos al Reino Unido completo, porque este término abarca menos regiones que **reinonunidense**.

***Si eres de las personas que rechazan el término "latinoamericano", te aclaro que la clasificación del teclado llamado **teclado latinoamericano** no la bauticé yo, sino los fabricantes. En el próximo capítulo, veremos la gran superioridad del teclado español (ISO). Más adelante en este libro, tocaremos el uso legítimo y esencial del término **Latinoamérica** en ciertos casos.

18
LA SUPERIORIDAD DEL TECLADO ESPAÑOL (ISO)

El teclado **español** físico (tanto la versión ISO de Apple y otros fabricantes o la versión no-ISO de otros) cuenta con varias ventajas comparado con el llamado **teclado latinoamericano** (al que Apple llamaba simplemente "español" mientras los otros fabricantes siguen llamando "latinoamericano"). No se trata de patriotismo, sino de hechos prácticos en su diseño.

- El teclado español (ISO) tiene el símbolo de la arroba (@) en la tecla del número 2 (el mismo lugar donde lo tiene el teclado estadounidense). Eso es ventajoso para las personas que frecuentemente deben migrar entre los dos tipos de teclados en diversos equipos. En cambio, el teclado latinoamericano tiene la arroba en la tecla de la letra Q.

- El teclado español (ISO) tiene la tilde del castellano en la fila central, al lado de la **Ñ**, lo cual es muy ergonómico. En cambio, el teclado latinoamericano tiene la tilde del castellano al lado de la letra **P**, lo cual quiere decir que cada vez que hay que teclear la tilde, hay que levantar el dedo meñique, lo cual promueve el fenómeno del túnel carpiano.
- El teclado español (ISO) cuenta con los símbolos necesarios para escribir tanto los números ordinales masculinos (ej. 1º, 2º, 3º) como los femeninos (1ª, 2ª, 3ª). De hecho, ese símbolo de la **a** subrayada en superíndice también sirve para abreviar el nombre **María**, sobretodo en el caso de escribirlo junto con el segundo nombre, como en los casos de **Mª Cristina**, **Mª Luisa** y otros. Lamentablemente, el teclado latinoamericano es machista, ya que carece de este símbolo femenino.
- El teclado español (ISO) afortunadamente cuenta con el símbolo € para el euro al igual que el $ que es muy útil para expresar tanto dólares como pesos. El teclado latinoamericano lamentablemente carece del símbolo del euro.
- El teclado español (ISO) también sirve para escribir en varios idiomas adicionales que el latinoamericano no puede, tales como el catalán, el gallego, el inglés, el francés, el portugués y el italiano.

En el teclado español (ISO), todas las letras de la distribución estándar QWERTY se mantienen. Sólo cambian de posición algunos símbolos y —comparado con el teclado estadounidense— cuenta con dos teclas adicionales. De hecho, por el mérito de abarcar tantos idiomas y monedas, opino que el teclado español ISO debería sustituir varios otros teclados físicos, incluyendo los dos teclados canadienses, el estadounidense, el francés, el italiano y el latinoamericano. El usuario final tendrá un producto más completo y los fabricantes podrán simplificar su producción, reduciendo así los gastos.

Aplaudo a Apple, BTC y Lógitech por ofrecer el teclado español ISO en las Américas (en lugar del latinoamericano) y recomiendo a los otros fabricantes como Dell, HP, Lenovo y Sony que hagan lo mismo, por el bien de ellos y de sus usuarios en las Américas.

Diferencias entre el teclado español ISO y en no ISO:

Entre los teclados españoles físicos, existen los ISO y los no ISO. (Estoy excluyendo el teclado "español" que Apple dejó de vender en los años 1990, el que realmente usaba una distribución latinoamericana.) La única diferencia es que los no ISO carecen de la tecla dedicada a los símbolos mayor (>) y menor (<). Al usar un teclado español no ISO, para poder acceder a estos símbolos, es necesario usar una tecla modificadora con la tecla letra Z, o la misma tecla modificadora junto con la tecla de mayúsculas.

IDIOMA DEFECTUOSO, PENSAMIENTO DEFECTUOSO

A mediados de los años 1990, la Universidad del Sagrado Corazón de Puerto Rico creó una serie de anuncios de servicio público titulada *Idioma defectuoso, pensamiento defectuoso*. Vienen narrados por personajes públicos conocidos de la *isla del encanto*. A continuación está el texto de uno de ellos:

El idioma es la sangre del espíritu.

Háblalo bien... con orgullo.

No digas *nice*.

Di **chévere** o **tremendo**.

No digas *size*.

Di **talla** o **tamaño**.

Tampoco digas: "Estoy en *shock*".

Es mejor decir: "Estoy **atónito** o **perplejo**"

Brown es incorrecto. Usa **marrón, castaño** o **pardo**.

Tuna es la que canta. En español (sic), se come **atún**.

Idioma defectuoso, pensamiento defectuoso.

Mensaje de la Universidad del Sagrado Corazón y de esta emisora.

Aplaudo a todos los participantes de esta serie, tanto a los animadores, autores, camarógrafos, editores y productores. Sólo lamento que dijeron "español" en lugar de **castellano**.

En el próximo capítulo, trataremos la castellanización sana versus el castinglés.

20
LA CASTELLANIZACIÓN SANA VERSUS EL CASTINGLÉS

A gradezco infinitamente a mi amigo y padrino de las primeras palabras que castellanicé hace más de quince años. Ríchard Izarra, fundador de PRODU.com y director de la editorial Izarra, aceptó el uso de estas palabras castellanizadas (mis primeras "hijas" hasta la fecha) y publicó el artículo que yo había redactado para presentarlas por primera vez.

El códec castellano

Aunque la palabra **códec** (procedente de las palabras **codificar** y **decodificar** o **descodificar**) se emplea principalmente en la tecnología de audio y video (**vídeo** con tilde para nuestros amigos españoles), yo lo he extendido a la lingüística. Un códec es un algoritmo (o equipo) para convertir una señal auditiva o visual en una grabable. El códec castellano es un algoritmo para convertir el sonido en palabras escritas. A diferencia de otros idiomas como el francés y el inglés, el códec castellano nos garantiza una fonética coherente, de tal forma que si escribo palabras, sean sencillas o complejas, cualquier otra persona castellanohablante que se encuentre en el otro lado del mundo podrá leerlas en voz alta con bastante fidelidad, sin importar que sean palabras desconocidas hasta el momento, casi como si el papel donde yo haya escrito las palabras fuera una grabadora de sonido. Esta fonética coherente no solamente es una ventaja del idioma castellano, sino que también representa un *patrimonio cultural*. A continuación, presento seis palabras extranjeras con su correspondiente castellanización.

Palabra extranjera	Palabra castellanizada, en singular	Palabra castellanizada, en plural
tunnel	el túnel	los túneles
train	el tren	los trenes
sweater	el suéter	los suéteres
polyester	el poliéster	los poliésteres
leader	el líder	los líderes
homerun	el jonrón	los jonrones

La última de la lista —**jonrón**— es la más reciente. Aunque dicha palabra lleva muchos años usándose en los periódicos, la Real Academia Española apenas la admitió hace poco tiempo en la vigésima tercera edición de su *Diccionario*.

. . .

El papel de los diccionarios

Algunas personas creen erróneamente que los diccionarios existen para restringir la creación de nuevas palabras. Eso es impreciso. Los diccionarios existen para documentar las grafías y definiciones de las palabras que ya existen para así tener un orden para ellas. Por eso los diccionarios habitualmente sacan nuevas ediciones que incluyen nuevas palabras. Otras personas creen que hay que esperar hasta que una nueva palabra aparezca en el diccionario para poder emplearla. Eso tampoco es cierto. Con muy pocas excepciones, las nuevas palabras nacen en el uso y luego son reconocidas y documentadas. El único caso que conozco de una palabra introducida antes de su uso popular fue cuando el ex Presidente venezolano Caldera solicitó a la Real Academia Española la palabra **millardo**, que es un sinónimo de **mil millones** que ya existía en otros idiomas. La palabra **millardo** o **mil millones** tiene 9 ceros. Es equivalente a la palabra *billion* en inglés estadounidense (y en inglés del Reino Unido desde 1974) porque también tiene los mismos 9 ceros, a diferencia del **billón** en castellano, que cuenta con 12 ceros.

Ciertas palabras siempre permanecerán extranjeras

Desde luego, no tenemos la obligación de castellanizar todas las palabras. Por ejemplo, términos como *déjà vu* por su naturaleza las mantenemos como extranjeras. En esos casos, para conservar nuestro sagrado códec castellano, las escribimos en itálicas (cursivas).

Decisión, con el mensaje asociado

Hace unos años atrás, nos tocó a mí y mi amigo Rubén Abruña (de EditingTraining.com) convencer a un conocido fabricante de sistemas de video para que aceptara las palabras **sóftwer** y **járdwer** en sus materiales impresos, ya que los dos habíamos colaborado en la traducción/localización de dichos materiales. Yo había castellanizado estas palabras hacía más de diez años. Ante su resistencia inicial, le hicimos la siguiente presentación para que viera sus tres opciones.

Decisión	Frase	Mensaje asociado
Castellanizar	XXXX es un sóftwer líder en la edición de video.	"He aceptado estas palabras con todos los derechos, así como una persona nacionalizada en mi país".
Extranjera, pero en itálicas	XXXX es un *software leader* en la edición de video.	"Utilizo estas palabras, pero las considero extranjeras y distantes. Por eso las escribo en itálicas.".
Fin de la sagrada fonética castellana	XXXX es un software leader en la edición de video.	"Al carajo con el patrimonio cultural. Me importa un bledo que durante siglos se han respetado las normas fonéticas del castellano. No me importa que mi hijo o mi nieta pase vergüenza al pronunciar mal estas palabras".

Desde luego, la moraleja (así como todas las otras palabras que se habían castellanizado previamente): es nuestra responsabilidad (tuya y mía) preservar el códec castellano. Aunque les parecían raras al principio, ésta no era ni la primera ni sería la última vez que eso había ocurrido algo así. Seguramente a nuestros tatarabuelos les debieron parecer raras al inicio las palabras **túnel**, **tren**, **suéter**,

poliéster y **líder**, ¡pero se acostumbraron a sus nuevas grafías para conservar el códec castellano y el patrimonio cultural.

Palabra extranjera	Palabra castellanizada
tunnel	el túnel
train	el tren
sweater	el suéter
polyester	el poliéster
leader	el líder
homerun	el jonrón
software	el sóftwer
hardware	el járdwer

Entonces estas nuevas palabras debían unirse a las otras y por el mismo motivo.

Estadísticas al respecto:

Castellanicé **sóftwer** hace más de 15 años.

A la hora de la publicación de este libro, en Google se encuentran 25.300 usos y va en aumento.

21
POR QUÉ LA INTERNET DEBE SER FEMENINA

La Internet debe ser femenina porque es una red. Estoy de acuerdo con la definición ofrecida por la Real Academia Española:

Red informática mundial, descentralizada, formada por la conexión directa entre computadoras mediante un protocolo especial de comunicación.

ORTOGR. Escr. t. con may. inicial

También estoy de acuerdo con su afirmación que debe escribirse con letra inicial en mayúscula *cuando se trata de la red Internet pública*. (La palabra **internet** —con su letra inicial en minúscula— también tiene un uso poco frecuente para describir una red interna y privada. En ese caso, debe escribirse con su letra inicial en minúscula.)

La Internet pública debemos escribirla así —con su letra inicial en mayúscula— para tratarla así como la regla de los países soberanos, que también se escriben con su letra inicial en mayúscula. Sin embargo, así como los gentilicios y las nacionalidades, los adjetivos asociados a la Internet (**internética**, **internético**, dos de mis "hijas") deben escribirse con su letra inicial en minúscula, salvo que inicien una frase o –debido a un estilo— formen parte de un título escrito completamente en mayúsculas. Unos ejemplos incluirían:

- *El servicio internético en mi casa es muy rápido.*
- *La conexión internética es muy lenta en algunos hoteles.*

22

LO QUE EL MERCADO PIDE ES...

Como indiqué previamente, aplaudo las castellanizaciones bien hechas, pero rechazo las que hacen daño. El vocablo *márketing* (con tilde) o *marketing* (sin tilde) al usarlo en castellano es dañino porque interrumpe la comprensión directa sobre la gran relación tan fundamental en cualquier clase de este tema: es decir, la que existe entre **el mercado, el mercadeo** y el verbo **mercadear**. Si eres de los que dicen márketing, ¿estás dispuest@ a castellanizar también **el *márket*** en lugar de hablar del mercado? ¡Ojalá que no!

23

LA AMENAZA DEL SÓFTWER EN INGLÉS

A continuación presento una versión actualizada del artículo que publiqué en 1995 en la revista *Producción & Distribución*:

La amenaza del sóftwer en inglés

Éste es un aviso importante: A continuación hemos impreso unas cuantas palabras fuertes que podrían ser ofensivas para algunos de nuestros lectores. Si eres sensible a las palabras fuertes, no sigas leyendo. He aquí algunas frases comúnmente oídas entre usuarios castellanohablantes de computadoras:

"¿Ya *printeaste* el documento? No, es que mi *printer* está dañado. ¿Salvaste tu trabajo en el *hard disk*? ¿Hiciste el *backup*? No, primero tengo que *cuitear* el programa que estoy usando. ¿Dónde está tu *mouse*? ¿Cuánto mide ese *file*?

¿Lo hiciste en un *database* o un *word processor*? ¡Mándamelo por el *network*!"

Es una lástima que algunos programas aún no hayan salido en castellano. Pero la mayoría de los programas populares sí están disponibles y lo que duele más es que tantas personas que se sienten más cómodas hablando en castellano (y tampoco quieren estudiar otro idioma) compren (o se les ofrezca únicamente) sóftwer en inglés, aun cuando existen versiones en su idioma. En muchas academias de la informática en países castellanoamericanos se emplea puro sóftwer, textos y hasta teclados enfocados en el idioma inglés. La informática no debería ser un lujo reservado para los anglohablantes ni debería ser la causa de la deformación del castellano.

En los ejemplos citados en el segundo párrafo, existen dos fenómenos lingüísticos que merecen señalarse: la castellanización y los calcos innecesarios de términos que tienen perfectas traducciones. Al usar u obligar el uso de sóftwer en inglés, se le niega el conocimiento de la computación a los castellanohablantes en su propio idioma y termina obligándoles a hablar como en nuestros ejemplos. Todos deben tener el derecho a saber que existen los términos **impresora**, **imprimir**, **copia de respaldo**, **salir**, **ratón**, **archivo**, **base de datos**, **procesador de textos** y **red**.

En la lingüística, el término **calco** se refiere a la práctica de aplicar un significado extranjero y nuevo a una palabra ya existente. Decir "salvar" en lugar de **guardar** es aplicar el significado del verbo *to save*, que es más amplio en inglés que en castellano. En inglés, *to save* abarca tanto las connotaciones **rescatar** y **almacenar**. En castellano, **salvar** sólo abarca la idea de **rescatar**. Este fenómeno ocurre a menudo en el sur de la Florida con palabras ajenas a la informática, por ejemplo **venta** por **oferta, rebaja** o **liquidación**... aplicar por **solicitar**... **llamar para atrás** por **devolver la llamada**... y **correr para presidente** por **postularse para la presidencia**. Estos calcos causan bastante confusión para los castellanohablantes recién llegados a los Estados Unidos y están tan integrados en el lenguaje aquí como muchas palabras italianas en el lunfardo de Buenos Aires, Argentina. Hasta conocemos el caso de una señora venezolana que salió tristemente de una mueblería del sur de la Florida porque el vendedor le dijo que su sofá favorito no estaba "en venta". El vendedor quiso decir que no estaba "en oferta" y a pesar de las serias intenciones de la señora de comprarlo a cualquier precio, ambos perdieron debido a la falta de comunicación. Por otro lado, existen cuñas en la radio local que dicen que en X tienda "Toda la ropa está en venta..." y se preguntan si la semana pasada sólo la alquilaban. ¡En serio!

Negar el conocimiento de los términos nativos de la computación a los castellanohablantes es tan grave como enseñarles que no deben acentuarse las mayúsculas, aun cuando la lógica, la Real Academia Española y todas las gramáticas dicen lo contrario. Una de las características más adoradas del castellano es que éste nos garantiza poder pronunciar correctamente cualquier palabra, aunque ésta sea desconocida. Si no seguimos la regla de la acentuación de las mayúsculas, perderemos esta valiosa característica y seguirán ocurriendo contratiempos como cuando llegué a Venezuela la primera vez y leí "Avila" y no **Ávila**. Por fortuna, ¡American Airlines ahora acentúa la **A** en **Los Ángeles** y los últimos BOLÍVARES venezolanos tienen la **I** mayúscula tildada! Sólo falta que el gobierno colombiano acentúe la "U" en "REPÚBLICA" en los pasaportes.

Hablando de American Airlines, al parecer les encanta el calco "Damas y caballeros, el capitán..." (como si estuvieran presentando un espectáculo) en lugar del legítimo "Señores pasajeros..."

Negar un teclado español a los castellanohablantes les obliga a recordar rebuscadas combinaciones de teclas, lo que en muchos casos causa que vayan por el camino de menor resistencia, que es escribir sin eñes, acentos ortográficos (tildes), diéresis y otros caracteres. El supuesto pretexto de escribir todo en mayúsculas tampoco es una defensa válida.

No dejemos que nos gane la amenaza del sóftwer en inglés. Como bien dice una nota para el usuario de Microsoft, "... compartimos la misma lengua y todos tenemos que sentirnos orgullosos y responsables de ella".

24

DILO EN CASTELLANO, DILO CON ORGULLO

En el 2008 en Venezuela, la empresa telefónica CANTV creó una campaña en todas sus oficinas, a nivel nacional, para la defensa del idioma castellano. La campaña, denominada **Dilo en castellano, dilo con orgullo**, tuvo como principal objetivo hacer tomar conciencia sobre el uso del idioma castellano como práctica social, indispensable para mantener viva la cultura de su país. Según indicó la CANTV, esta campaña nació de la preocupación de un grupo de trabajadores de la Gerencia General de Comunicación y Asuntos Públicos, al notar que muchas de las palabras utilizadas en la jerga de las telecomunicaciones tenían procedencia anglosajona, y de tanto utilizarlas se naturalizan innecesariamente como si fueran propias.

Aplaudo a la CANTV por su iniciativa y desde luego, por utilizar el nombre **castellano** en todo momento.

EL ABECEDARIO CASTELLANO Y SUS SUFRIMIENTOS

Actualmente el abecedario contiene 27 letras, aunque hasta 1994, tenía 29. En 1994, se eliminaron las letras **ch** y **ll**, pero estas combinaciones se conservan como sonidos. Como consecuencia, siguen siendo inseparables en la escritura. Por ejemplo, si estás escribiendo una carta o un libro y se te acaba el espacio al final de una línea, al separar las sílabas, si se trata de una palabra en castellano, todavía deben quedarse juntas como pareja inseparable. Se eliminaron estas dos letras **ch** y **ll** para normalizar la forma de crear listas en orden alfabético.

Con el sistema previo, una lista de palabras en orden alfabético en castellano debía hacerse así:

- carro

- coche
- curso
- chino
- domicilio
- lámpara
- luz
- lluvia

Con en nuevo sistema, debe hacerse así:

- carro
- chino
- coche
- curso
- domicilio
- lámpara
- lluvia
- luz

Estoy completamente de acuerdo con este cambio. Ahora el abecedario castellano contiene las siguientes letras: **a, b, c, d, e, f, g, h, i, j, k, l, m, n, ñ, o, p, q, r, s, t, u, v, w, x, y** y **z**. Las letras **k** y **w** existen principalmente para ciertas palabras castellanizadas, tales como **kilo**, **sóftwer** y **járdwer** y **web**, como cubrimos previamente en este libro.

. . .

Cuatro de estas letras son problemáticas, porque su nombre varía de país en país. Las letras problemáticas son la **b**, la **v**, la **w** y la **y**. A diferencia de los regionalismos de palabras (que cubriré más adelante en este libro), considero que debería haber una unificación global sobre los nombres de estas letras (o por lo menos con tres de ellas), tal como también sugiere la Real Academia Española en su *Ortografía de la lengua española* (sic) (2010). La única diferencia es en cuanto a la actitud de la Real Academia Española ("La recomendación de utilizar un solo nombre para cada letra no implica, en modo alguno, que se consideren incorrectas las variantes denominativas con vigencia en el uso que presentan algunas de ellas...").

Con todo respeto, discrepo con eso. Debemos considerar *incorrectos* los otros nombres para algo tan unificador como el abecedario del idioma castellano. Sin embargo, estoy totalmente de acuerdo con los nombres sugeridos por la Real Academia Española. Los nombres sugeridos por la Real Academia Española y por este servidor son:

- **b**, con su nombre **be** (sin absolutamente ningún adjetivo pegado)
- **v**, con su nombre **uve** (sin absolutamente ningún adjetivo pegado)
- **w**, con su nombre unificado **uve doble**

- y, con su nombre unificado **ye**

Para evitar confusiones, he decidido no incluir los nombres indebidos correspondientes a estas letras. Basta con decir que de la **b**, se emplean por lo menos tres nombres indebidos, para la **v** por lo menos cinco… y para la **w** por lo menos cuatro. Realmente no pierdo el sueño por la forma indebida de la **y**, así como no lo hago por los dos nombres distintos que se usan para la letra **z** en inglés.

Aplaudo a la empresa Taxis Libres de Bogotá, Colombia, porque en su sistema telefónico automatizado, al anunciar el nombre de la placa del auto que va a llegar, deletrean la letra **v** pronunciada correctamente como **uve**. Por alguna razón, a algunos colombianos les he oído pronunciar esta letra como "uvé", enfatizando la última sílaba, pero ésa no es la pronunciación unificadora que proponemos. En el nombre unificado, es **uve**, con énfasis en la penúltima sílaba y así mismo lo pronuncia el locutor de Taxis Libres.

El abecedario castellano en la publicidad en la radio y TV estadounidense

Es lamentable, pero en una gran parte de las cuñas publicitarias de radio y TV en los Estados Unidos, los locutores dictan las letras de siglas y de empresas con los nombre de las letras en inglés. Esto es tanto dañino como insultante. Por eso exhorto a los anunciantes estadounidenses: Cuando el anuncio en castellano incluye siglas, ¡pronuncien las letras con su nombre en castellano! Sin importar que trabajemos en el periodismo o en la publicidad, todos los comunicadores tenemos la responsabilidad de presentar el mejor ejemplo al público. (La única posible excepción sería en una escena actuada, donde lógicamente se permite el costumbrismo... pero nunca cuando habla "la empresa".)

26

EL VERBO HAY: ÚNICO EN SU CATEGORÍA

El verbo conjugado **hay** es único en su categoría, casi. Lo digo porque aunque evidentemente está ligado al infinitivo **haber** en cuanto a su formación y conjugación, por regla, no debe pluralizarse. En el tiempo presente de indicativo, es **hay**, tanto en singular y plural y nadie lo conjuga mal:

- Hay un libro.
- Hay dos libros.

No lo sé en muchos otros idiomas, pero por lo menos esto no ocurre en italiano, ya que en dicho idioma sería:

- *C'è un libro.*
- *Ci sono due libri.*

Algo extraño ocurrió con el verbo conjugado **hay**, no sólo porque no varía entre plural y singular en el presente indicativo, sino que —por regla— no debería pluralizarse en el presente de subjuntivo.

- Quiero que haya un milagro esta tarde.
- Quiero que haya dos milagros esta tarde.

Ni tampoco en el pretérito de indicativo:

- No hubo ninguna colombiana en la fiesta.
- Hubo tres bellas colombianas en la fiesta.

Ni en el imperfecto de indicativo:

- En la casa donde me crié había un árbol...
- En la casa donde me crié había tres árboles...

...y así sucesivamente en todos los tiempos y modos. Sin embargo, esta regla suele luchar contra la naturaleza del hablante de querer pluralizar el verbo conjugado **hay** en todos los tiempos y modos fuera del presente del indicativo. El hablante por naturaleza quiere decir (y escribir) lo prohibido:

- Quiero que hayan dos milagros esta tarde.
- Hubieron tres bellas colombianas en la fiesta.
- En la casa donde me crié habían tres árboles...

Y luego llega la sobrecorrección: viene una persona a regañar, diciendo que "nunca puede decirse **hubieron**". Pero es falso. Puede decirse y escribirse **hubieron** cuando no es el pretérito de **hay**, sino el pretérito de **han** para así formar el pretérito anterior, por ejemplo **hubieron visto**. Su uso es poco frecuente (más usual es **habían visto**) pero existe y es válido. Desde luego, **hubieron visto** no tiene nada que ver con el subjuntivo **hubieran visto**, que se usa en casos muy distintos.

¿JUGO O ZUMO? ¿PAPAS O PATATAS?

Así como nos señaló Vicente Fox anteriormente en este libro, existe un sinnúmero de palabras y modismos que varían entre países y hasta ciudades. Esto causa un reto para los redactores y traductores cuando nuestro fin es crear un mensaje que sea inteligible para una audiencia castellanohablante internacional. Como redactor y traductor, a mí se me ha presentado ese reto muchísimas veces. Naturalmente, hemos querido utilizar un castellano lo más unificado posible, para que sea inteligible para la mayor cantidad de países y regiones. Sin embargo, hemos observado que la brecha lingüística es mayor entre las Américas y España que entre los países castellanohablantes de las Américas. A continuación algunos pocos ejemplos:

- **el jugo** (Américas)/**el zumo** (España)
- **el plomero** (Américas)/**el fontanero** (España)

En mi experiencia, estos dos ejemplos suelen ser completamente ininteligibles en la región contraria.

El reto es mucho mayor cuando hay que presentar algo auditivo, como lo veremos en el próximo capítulo.

28

LA NECESIDAD DE AUDIOLIBROS Y DOBLAJES BIRREGIONALES

La birregionalidad de los audiolibros brinda ventajas para autores, narradores y oyentes.

(Nos guste o no), la mayoría de los castellanoamericanos prefiere oír un audiolibro narrado por un/a narrador/a de las Américas y no soporta escuchar una voz española por muchas horas seguidas (aunque existen excepciones a esa preferencia). Similarmente, la mayoría de los españoles no tolera escuchar durante varias horas consecutivas a un/a narrador/a castellanoamerican@ (aunque también existen excepciones a esa preferencia). Esto lo sé después de múltiples conversaciones con muchos habitantes de ambas regiones. Por eso he llegado a la conclusión de que para lograr muchas ventas en cada región, deben producirse dos versiones de cada audiolibro, una para cada una. Lo mismo ocurre con muchas películas dobladas y por eso frecuentemente se doblan birregionalmente. La única diferencia positiva para el caso de los audiolibros es que por lo menos éstos no se distribuyen en forma segregada. Es decir que si alguien de las Américas prefiere una narración por alguien de España, tendrá la opción de elegirla a su gusto. Lo mismo ocurre al revés en España, ya que se ofrece la compra y descarga en ambas versiones.

En el caso de los audiolibros, debido a la exigencia de tener una pareja entre el libro electrónico Kindle y el audiolibro, es necesario una versión específica de ambos para cada región. A una de las versiones se le agrega el siguiente sufijo al título: **(versión para las Américas)** y así figura en las tiendas de Amazon, Audible y Apple Books. Luego, a la segunda se le pone así: **(versión para España)**. Antes de la situación de los audiolibros, los autores luchábamos para redactar en un castellano unificado. Sin embargo, debido a esta situación ya presentada, ahora debemos hacer lo contrario para justificar la presencia de las dos versiones de libro de texto (Kindle). Hasta ahora ya he coordinado la producción de varios libros electrónicos Kindle preparados así para autores/clientes y he coordinado la producción de los audiolibros birregionales correspondientes.

Hablando de las excepciones a la regla, yo sí aprecio los audiolibros narrados tanto en su versión para España como su versión para las Américas. De hecho, la Constitución Española está disponible como audiolibro narrado por mi amiga Victoria Mesas García. Desde luego, la grabación incluye la sección de la Constitución que cité previamente en este libro. Está disponible vía Audible y Apple Books. Además, la voz de Victoria es una de las que se oyen al inicio de mi programa *CapicúaFM*. Otra excepción a la regla es cuanto el mismo autor —o la misma autora— narra su propio audiolibro.

29
¿AMÉRICA LATINA, HISPANOAMÉRICA, IBEROAMÉRICA, LATINOAMÉRICA O QUÉ?

Aunque reciben críticas de ciertas personas, **América Latina** y **Latinoamérica** son nombres populares que se usan para referirse a las regiones donde tres idiomas romances (o neolatinos) —el castellano, el francés y el portugués— son mayoritarios. Los motivos de las críticas sobre estos términos van más allá del enfoque de este libro. Simplemente me limito a reconocer su uso y las respectivas críticas antes de continuar. (También defenderé uno de ellos para ciertos casos.)

Por otro lado, las personas que emplean los términos **Hispanoamérica, América hispana** o **América española** los definen como "una región cultural integrada por los estados americanos donde se habla español (sic)". Lógicamente rechazo estos términos porque —desde luego— no existe un solo idioma español, sino varios... y porque en estas regiones americanas se hablan muy poco los otros idiomas españoles.

Iberoamérica es un término formado a partir de las palabras Iberia y América para designar el conjunto de territorios de Europa y América donde se hablan algunos de los idiomas iberorromances. De todos estos términos, es el más ambiguo porque hay tanto debate sobre incluir o no el idioma francés dentro de la sombrilla de Iberia.

Debido a la gran controversia que han recibido los términos **América Latina** y **Latinoamérica** por varios grupos, mi rechazo personal a los términos **Hispanoamérica**, **América hispana** o **América española** ... y la ambigüedad de **Iberoamérica**, prefiero ajustarme a la situación particular. He encontrado que la mayoría de las veces, basta con decir **las Américas** porque el resto del contexto suele aclarar muy bien. En los muy pocos casos donde se amerita, uso **Castellanoamérica**.

También reconozco que el término **Latinoamérica** (y *Latin America* en inglés) es el nombre de una importante región geográfica comercial de muchas empresas internacionales y realmente no tiene sustituto. Un ejemplo es el puesto oficial de mi amiga María Claudia Torres (colombiana), que es la directora de generación de prospectos de su empresa NewTek para **Latinoamérica**. Lo mismo ocurre con el puesto de mi amigo Fernando Monetti (argentino), director de ventas para **LatAm** de VITEC. (**LatAm** es acrónimo o palabra compuesta derivada de los dos elementos clave de **Latinoamérica** y suele usarse en castellano e inglés.) En estos casos, no existe ningún sustituto adecuado para el término, porque todos los otros incluyen a los Estados Unidos. Los motivos:

Aunque el segundo idioma de los Estados Unidos es indiscutiblemente el castellano, Estados Unidos no pertenece a Latinoamérica. De hecho, los Estados Unidos es el país número 2 entre todos los países donde se habla castellano, gracias a su gran población castellanohablante. El país número 1 es nuestro vecino del sur, la tierra de Vicente Fox.

EL PLURAL DE TÚ
Y SU RESPECTIVO AGUJERO NEGRO

En el castellano estándar, la segunda persona singular puede expresarse de dos formas: **tú** y **usted**. En castellano estándar, el **tú** (tuteo) es la forma informal y de confianza de tratar a una persona, mientras el **usted** es más distante y se utiliza en situaciones más formales y de mayor respeto. [Hay algunas regiones donde estos dos tratos se invierten ocasionalmente, en forma irónica. Por ejemplo, he conocido a bogotanos que a mí me tutean mientras que a sus propios hermanos y pareja los tratan de usted. Son usos excepcionales que van más allá del enfoque de este capítulo.] También hay regiones de las Américas donde existe el **vos** (voseo) singular, que cubriremos más adelante en este libro.

El enfoque de este capítulo es —así como lo indica su título— el plural de **tú** y su respectivo agujero negro en las Américas. De forma totalmente ilógica, en las Américas, suele pluralizarse el **tú** con el trato **ustedes**. Esta costumbre inserta innecesariamente una distancia y falta de concordancia al usarse con personas con las que uno tutearía en singular.

No. No propongo crear un nuevo pronombre. El pronombre ya existe en castellano, pero ilógicamente se encuentra abandonado en las Américas. Se trata de los pronombres plurales **vosotras** y **vosotros**. Aunque estos dos pronombres se incluyen en el pénsum (plan de estudios) en Castellanoamérica, su enseñanza ha sido extremadamente floja. Esto lo afirmo porque la mayoría de los castellanoamericanos que he conocido a través de varias décadas suelen emplear estos pronombres exclusivamente al imitar (bastante mal) a los españoles —y para colmo— hasta lo utilizan en algunos casos donde es obvio que su verdadera intención es hablar en singular, y demuestran así la falta de familiaridad sobre la naturaleza netamente plural de estos pronombres y sus respectivas conjugaciones. (Desde luego, excluyo de esta observación a mis amigos castellanoamericanos que son especialistas en el idioma, que representan un pequeño porcentaje del público.)

Algunos otros que he conocido me han demostrado un sentimiento de rencor porque asocian el trato **vosotras/vosotros** con la conquista española. Me parece que esa asociación es absurda. Con ese criterio, deberían abandonar el idioma castellano por completo. Evidentemente estas personas han olvidado que el idioma castellano que hablan diariamente provino de España. Para este tipo de situación, hay un refrán en inglés que dice que están "cortando la nariz para vengar la cara" o como dicen algunos, están "escupiendo contra el viento", ya que discapacitan su herramienta de comunicación —el castellano— por una venganza tonta e ilógica.

Otros castellanoamericanos indebidamente asocian el trato **vosotras/vosotros** con algo de otra era, como el lenguaje bíblico. Esta actitud carece de fundamento en la Aldea Global actual (gracias, Marshall McLuhan). El manejo **vosotras/vosotros** no es como el *thou* en inglés, que se ha abandonado mundialmente (salvo en la Biblia y en las ceremonias matrimoniales). En cambio, el trato de **vosotras/vosotros** lo manejan un estimado de 47,27 millones de habitantes españoles, según el Instituto Nacional de Estadística de España y el Banco Mundial.

Aquí no estamos hablando de una preferencia regional por un vocablo local, como en Puerto Rico que prefieren llamar *tablilla* a la placa del auto... o en países del sur que optan por denominar *palta* al aguacate. Aquí estamos discutiendo una deficiencia autoimpuesta, tanto de pronombre como de conjugación verbal que completa los tratos con otras personas. Pluralizar el **tú** con el trato **ustedes** es ilógico e injustificado, teniendo en cuenta que el plural correcto ya existe. Por eso insto a los institutos de las Américas para que tomen en serio la enseñanza de este trato y conjugación y que incluyan tanto diálogos como exámenes al respecto. No es primordial imitar una entonación ibérica para emplear este trato en las Américas. Sólo se necesita conocimiento de los pronombres **vosotras/vosotros/vuestra/vuestro** y **os** junto con el uso de las conjugaciones en situaciones prácticas, donde se enfatiza que se trata de casos plurales, no singulares. Los castellanoamericanos deben conocer a plenitud la gran versatilidad de su herramienta principal de comunicación, el castellano. De lo contrario, es tan absurdo como adquirir un excelente automóvil japonés pero dejar de usar el quinto cambio "por venganza".

31

VENTAJAS DEL TUTEO

Mientras sea factible sin faltar el respeto, me gusta tutear... y tratar tanto a mis oyentes radiales como a mis lectores en singular, por un concepto fundamental del mercadeo, que enseña que es mejor dirigirse a un individuo y no a un grupo. Pero hay otras ventajas para tutear. A continuación está una anécdota bastante difundida por la Internet que aclara muy bien otra de sus ventajas:

El director general de un banco se preocupaba por un nuevo empleado que, después de un período de trabajar junto a él, sin parar nunca, ni para almorzar, empieza a ausentarse al mediodía. Entonces el director general del banco, preocupado que posiblemente el empleado esté robando al banco, llama a un detective privado y le dice:

- Siga a López una semana entera, no vaya a ser que ande en algo malo o sucio o que nos robe.

El detective cumple con el cometido, vuelve e informa:

- López sale normalmente al mediodía, toma su coche, va a su casa a almorzar, luego le hace el amor a su mujer, se fuma uno de sus excelentes habanos y vuelve a trabajar.

Responde el director:

-¡Ah, bueno! ¿Entonces no nos roba?

Entonces el detective pregunta:

-¿Puedo tutearlo, señor?

Sorprendido, el director responde:

-Sí, hombre, cómo no.

Y, entonces, el detective le dice:

- Te repito: López sale normalmente al mediodía, toma tu coche, va a tu casa a almorzar, luego le hace el amor a tu mujer, se fuma uno de tus excelentes habanos y vuelve a trabajar.

(Anónimo).

¿CONVIENE TRADUCIR LOS NOMBRES PROPIOS?

Hay mucha gente que asegura que no deben traducirse <u>nunca</u> los nombres propios. Sin embargo, muchas de esas personas no han tomado en cuenta que se han traducido hace siglos (por lo menos) en estos casos:

- La mayoría de los países europeos
- La mayoría de los personajes bíblicos
- La mayoría de los nombres de los Papas
- Muchos cuentos juveniles, dibujos animados y sus personajes

Veamos unos ejemplos de cada uno:

. . .

Países

- Albania se llama *Shqipëri* o *Shqipëria* en albanés.
- Alemania se llama *Deutschland* en alemán y *Germany* en inglés.
- Finlandia se llama *Suomi* en finés y sueco.
- Grecia se llama Ελλάδα (Elláda) en griego.
- Inglaterra se llama *England* en inglés.

Personajes bíblicos

- Adán en hebreo se llama אָדָם; en árabe, آدم y en inglés, *Adam*.
- Moisés en hebreo se llama מֹשֶׁה (Moshé) y en inglés, *Moses*.
- Jesús en hebreo es ישוע (Yeshúa) y en inglés *Jesus* (pronunciado muy diferente a Jesús en castellano).

Los Papas

- El Papa Juan Pablo II (mencionado previamente en este libro) en latín es *oannes Paulus II* en italiano,

Giovanni Paolo II; en polaco, *Jan Paweł II*; y en inglés, *Pope John Paul II*.
- El Papa Francisco en latín es *Franciscus PP* y en inglés, *Francis* (pronunciado muy diferente que en castellano).

Cuentos juveniles, dibujos animados y sus personajes

- Los Picapiedra en inglés se llama *The Flintstones*.
- El protagonista Pedro Picapiedra en el inglés original es *Fred Flintstone*. (Aunque el apellido es una traducción, el nombre es realmente una elección aleatoria.)
- El personaje vecino, Pablo Mármol en el inglés original es *Barney Rubble*.

A los artistas de la farándula en la actualidad no suele traducir el nombre ni el apellido. Sólo al bromear, se traducen el nombre y apellido de Julio Iglesias al inglés como "*July Churches*". Sin embargo, en todos los casos anteriores, sí se traducen. Si eres de los que rechazan la traducción de los nombres de los países, te pregunto: ¿Cuánta gente te comprenderá si le preguntas si habla *suomi*? Te recuerdo que *suomi* es el nombre del país Finlandia y también del idioma finés.

. . .

Mi respuesta a la pregunta del título de este capítulo:

¿Nos conviene traducir los nombres propios?

Mi respuesta es: a veces.

33
LOS NOMBRES PROPIOS, SU GRAFÍA Y SU ORTOGRAFÍA

A mí —y a mi colega José Martínez de Sousa (a quien aún no conozco personalmente)— nos enloquece cuando algunas personas aseguran que la ortografía no se aplica a los nombres o los apellidos. Aquí voy a dar la palabra a José:

...(Esto) no es exacto. Más acertado sería decir que cada apellido (o nombre) tiene su particular grafía, que en la mayor parte de los casos es semejante a la de los que tiene la misma formación, y en otros difiere: por ejemplo, una persona que se llame **Sánchez** se llama así y no Sanchez; sin embargo, el apellido **Jiménez** adopta tres formas, por lo menos: **Jiménez, Giménez** o **Ximénez**. Aquí es obligatorio respetar la grafía peculiar de cada apellido; por ejemplo, si la persona lo escribe con G (**Giménez**), no debemos ponerle J (**Jiménez**), por más que también sea correcto. Resulta inadmisible que un señor que se llame **Martínez** dice que escribe sin acento en la **i**, entonces no sería palabra llana, sino aguda.

El otro detalle al respecto —que José explica mejor que nadie— es el caso de los nombres extranjeros.

...los apellidos (y nombres) extranjeros deben escribirse con la misma grafía de su lengua de origen... Sin embargo, cuando se trata de apellidos procedentes de lenguas cuyos alfabetos son distintos del latino (cirílico, griego, chino, etcétera), deben transcribirse a nuestra fonética, pero directamente, no a través de idiomas intermedios...

Ambas citas son de su libro *dudas y errores de lenguaje* (escrito, por exigencias de José, con su letra inicial en minúscula), quinta edición 1992 de la editorial Paraninfo, páginas 97 a 98 y te recomiendo que lo adquieras si aún no lo tienes.

34
CIUDADES DE LOS EE.UU. Y SU GRAFÍA OFICIAL EN CASTELLANO

Existen varias ciudades (y estados) en los Estados Unidos que cuentan con su grafía oficial en castellano, lo cual aplaudo. Aquí unos ejemplos con su nombre en inglés seguido por su grafía oficial en castellano:

- *Buffalo*>Búfalo
- *Philadelphia*>Filadelfia
- *Indianapolis*>Indianápolis
- *Minneapolis*>Mineápolis
- *Missouri*>Misuri
- *New York*>Nueva York
- *North Carolina*>Carolina del norte
- *Pennsylvania*>Pensilvania
- *South Carolina*>Carolina del sur

De estos nombres mencionados, algunos son traducciones y otros son castellanizaciones, por lo tanto ambos fenómenos se han presentado con lugares geográficos de los Estados Unidos.

¿Por qué se encuentran tan ausentes de la lista algunas ciudades tan importantes del sur de la Florida (donde yo mismo he vivido) como *Coral Gables* y *Miami*? Desde hace muchos años yo las escribo en castellano como deberían escribirse: **Gabletes Coralinos** y **Mayami**. En el primer caso, es una traducción y en el otro es una castellanización recuperada (ya que no yo fui el castellanizador original en este caso). Vamos caso por paso.

Gabletes Coralinos

Es lamentable que la mayoría de los habitantes de esta ciudad desconozcan el significado de su nombre. Cuando llegué por primera vez a esta ciudad, le pregunté a mi amigo Ánthony Palomo y él me lo explicó. Luego comprobé en los diccionarios, tanto en castellano como en inglés.

Gablete en castellano significa (según Rae.es):

(Del fr. gablet).

1. m. Arq. Remate formado por dos líneas rectas y ápice agudo, que se ponía en los edificios de estilo ojival.

Hay una definición similar en inglés. Así como me explicó Ánthony, la ciudad se nombró así porque a las casas tradicionales de la ciudad, solían colocar un gablete (de coral) sacado del mar para tapar la parte fea donde se unen los dos lados de los techos que tienen inclinaciones.

Mayami

El nombre de esta ciudad proviene de un nombre indígena. Teniendo en cuenta que los primeros europeos que llegaron a estas tierras fueron españoles que hablaban castellano (y que los indígenas no escribían con el abecedario latino), los españoles que llegaron aquí lógicamente siguieron al pie de la letra la regla de José Martínez de Sousa que repasamos en el capítulo anterior de este libro. Inicialmente la escribieron de una forma más larga (Mayaimi) y luego la fueron acortando. Inclusive, al principio los anglosajones copiaron la misma grafía castellana y lo usaron así antes de crear la grafía actual en inglés. Sin embargo, tomando en cuenta la lógica de la regla de José Martínez de Sousa, debemos mantener la grafía castellana (desde luego, la simplificada **Mayami**) al expresar el nombre de la ciudad en castellano.

. . .

Aunque yo me he atrevido a traducir **Gabletes Coralinos** y a rescatar la castellanización original de **Mayami**, eso no es suficiente. Solicito a las respectivas alcaldías para que decreten la grafía oficial en castellano, así como existen de Búfalo, Filadelfia, Indianápolis, Misuri, Nueva York, Carolina del Norte, Pensilvania y Carolina del sur. Las ciudades de Gabletes Coralinos y Mayami se merecen su grafía original tanto como los otros lugares mencionados de los Estados Unidos.

Si los alcaldes de estas ciudades se preguntan si existe algún precedente legal del renombramiento de municipalidades, la respuesta es afirmativa: no hace falta buscar más allá de la ciudad de **Bogotá**, Colombia, que por lo menos dos veces ha cambiado de nombre a **Santafé de Bogotá** o **Santa Fe de Bogotá**.

Corrección de los nombres de las calles en Gabletes Coralinos

En Gabletes Coralinos, muchas de las calles tienen nombres en castellano, pero noto con tristeza que faltan tildes y eñes en los respectivos letreros. Reclamo a la alcaldía para que corrija los nombres y agregue las tildes faltantes a los letreros. Algunas de las calles que me pasan por la mente son **Castañeda** (que además es apellido de mi amiga Tanya), **Ponce de León** y **Santoña**. En la ciudad vecina afortunadamente pudieron incluir la **ñ** en **Española Way**, ¿entonces qué le impide a Gabletes Coralinos hacer lo mismo? Escribir los nombres en castellano a medias no sirve. ¡Tiene que ser completo!

35

EL VOSEO SINGULAR

Como alternativa al tuteo, en muchos países americanos se emplea el voseo singular (vos). De hecho, aunque muchas personas creen erróneamente que el voseo se usa en pocos países, en realidad hay más países castellanohablantes que lo emplean que los que no. Los países voseadores incluyen:

- Argentina
- Bolivia
- Colombia (zonas paisa y caleña)
- Costa Rica
- Ecuador
- El Salvador
- Honduras
- Guatemala
- Nicaragua

- Paraguay
- Uruguay
- Venezuela (Maracaibo, Zulia)

Vos es el pronombre de segunda persona singular de confianza, alternativa al **tú** (o a veces con más confianza que el **tú**). Algunas personas confunden el pronombre **vos** con el pronombre **vosotras/vosotros**, que se usa frecuentemente en España. Sin embargo **vosotras/vosotros** es un pronombre plural, no singular. Es decir que **vosotras/vosotros** es el plural de vos, aunque irónicamente, no hay país donde se use la combinación **vos>vosotros** popularmente. En España, el singular de **vosotras/vosotros** es **tú**, mientras que en las Américas, al pluralizar **vos**, ilógicamente se usa **ustedes**.

Lamentablemente, no suele incluirse el voseo dentro del pénsum (plan de estudios), ni siquiera en los países voseadores (La Real Academia incluye las conjugaciones del voseo, aunque sólo en el modo indicativo.). Esto conlleva otras repercusiones negativas:

1. Muchas personas creen (erróneamente) que el voseo no es una forma aceptada.
2. Otras desconocen la conjugación correcta del verbo con el voseo. Por ejemplo, en Buenos Aires, se suele conjugar correctamente en modo indicativo, aunque

erróneamente en modo subjuntivo (salvo en el caso de los verbos de la primera conjugación, los que terminan con **ar**, donde se conjuga correctamente en forma esporádica). En Maracaibo, lamentablemente se suele usar el **vos** singular junto con la conjugación del **vosotras/vosotros**, lo cual causa mucha confusión.

Voseo puro:

	ACOSTARSE		MOLER		CONTRIBUIR	
Yo	me acuesto	Nosotras / Nosotros	Nos acostamos	Yo	muelo	Nosotras / Nosotros	molemos	Yo	contribuyo	Nosotras / Nosotros	contribuimos
Tú / Vos	te acuestas / te acostás	Vosotras / Vosotros	os acostáis	Tú / Vos	mueles / molés	Vosotras / Vosotros	moléis	Tú / Vos	contribuyes / contribuís	Vosotras / Vosotros	contribuís
Él / Ella / Usted	se acuesta	Ellos / Ellas / Ustedes	se acuestan	Él / Ella / Usted	muele	Ellos / Ellas / Ustedes	muelen	Él / Ella / Usted	contribuye	Ellos / Ellas / Ustedes	contribuyen

Presente del subjuntivo

	ACOSTARSE		MOLER		CONTRIBUIR	
Yo	me acueste	Nosotras / Nosotros	nos acostemos	Yo	muela	Nosotras / Nosotros	molamos	Yo	contribuya	Nosotras / Nosotros	contribuyamos
Tú / Vos	te acuestes / te acostés	Vosotras / Vosotros	os acostéis	Tú / Vos	muelas / molás	Vosotras / Vosotros	moláis	Tú / Vos	contribuyas / contribuyás	Vosotras / Vosotros	contribuyáis
Él / Ella / Usted	se acueste	Ellos / Ellas / Ustedes	se acuesten	Él / Ella / Usted	muela	Ellos / Ellas / Ustedes	muelan	Él / Ella / Usted	contribuya	Ellos / Ellas / Ustedes	contribuyan

Imperativo:

	ACOSTARSE		MOLER		CONTRIBUIR	
Tú / Vos	acuéstate / acostate	Vosotras / Vosotros	acostaos	Tú / Vos	muele / molé	Vosotras / Vosotros	moled	Tú / Vos	contribuye / contribuí	Vosotras / Vosotros	contribuid
Usted	acuéstese	Ustedes	acuéstense	Usted	muela	Ustedes	muelan	Usted	contribuya	Ustedes	contribuyan

Imperativo negativo:

	ACOSTARSE		MOLER		CONTRIBUIR	
Tú / Vos	no te acuestes / no te acostés	Vosotras / Vosotros	no os acostéis	Tú / Vos	no muelas / no molás	Vosotras / Vosotros	no moláis	Tú / Vos	no contribuyas / no contribuyás	Vosotras / Vosotros	no contribuyáis
Usted	no se acueste	Ustedes	no se acuesten	Usted	no muela	Ustedes	no muelan	Usted	no contribuya	Ustedes	no contribuyan

La conspiración del castellano

Voseo maracucho:

ACOSTARSE

Yo	me acuesto	Nosotras / Nosotros	Nos acostamos
Tú / Vos	te acuestas / te acostáis	Vosotras / Vosotros	os acostáis
Él / Ella / Usted	se acuesta	Ellos / Ellas / Ustedes	se acuestan
Presente del subjuntivo			
Yo	me acueste	Nosotras / Nosotros	nos acostemos
Tú / Vos	te acuestes / te acostéis	Vosotras / Vosotros	os acostéis
Él / Ella / Usted	se acueste	Ellos / Ellas / Ustedes	se acuesten
Imperativo:			
Tú / Vos	acuéstate / acostate	Vosotras / Vosotros	acostaos
Usted	acuéstese	Ustedes	acuéstense
Imperativo negativo:			
Tú / Vos	no te acuestes / no te acostéis	Vosotras / Vosotros	no os acostéis
Usted	no se acueste	Ustedes	no se acuesten

MOLER

Yo	muelo	Nosotras / Nosotros	molemos
Tú / Vos	mueles / moléis	Vosotras / Vosotros	moléis
Él / Ella / Usted	muele	Ellos / Ellas / Ustedes	muelen
Presente del subjuntivo			
Yo	muela	Nosotras / Nosotros	molamos
Tú / Vos	muelas / moláis	Vosotras / Vosotros	moláis
Él / Ella / Usted	muela	Ellos / Ellas / Ustedes	muelan
Imperativo			
Tú / Vos	muele / molé	Vosotras / Vosotros	moled
Usted	muela	Ustedes	muelan
Imperativo negativo:			
Tú / Vos	no muelas / no moláis	Vosotras / Vosotros	no moláis
Usted	no muela	Ustedes	no muelan

CONTRIBUIR

Yo	contribuyo	Nosotras / Nosotros	contribuimos
Tú / Vos	contribuyes / contribuís	Vosotras / Vosotros	contribuís
Él / Ella / Usted	contribuye	Ellos / Ellas / Ustedes	contribuyen
Presente del subjuntivo			
Yo	contribuya	Nosotras / Nosotros	contribuyamos
Tú / Vos	contribuyas / contribuyáis	Vosotras / Vosotros	contribuyáis
Él / Ella / Usted	contribuya	Ellos / Ellas / Ustedes	contribuyan
Imperativo			
Tú / Vos	contribuye / contribuí	Vosotras / Vosotros	contribuid
Usted	contribuya	Ustedes	contribuyan
Imperativo negativo:			
Tú / Vos	no contribuyas / no contribuyáis	Vosotras / Vosotros	no contribuyáis
Usted	no contribuya	Ustedes	no contribuyan

Por ejemplo, si un maracucho invita a una persona dentro de un grupo diciendo: "¿Queréis ir al cine?" es muy probable que todas las personas presentes piensen que la invitación es para todas ellas.

Voseo porteño:

	ACOSTARSE			MOLER			CONTRIBUIR		
Yo	me acuesto		Yo	muelo		Yo	contribuyo		
Tú Vos	te acuestas te acostás		Tú Vos	mueles molés		Tú Vos	contribuyes contribuís		
Él Ella Usted	se acuesta		Él Ella Usted	muele		Él Ella Usted	contribuye		
		Nosotras Nosotros	Nos acostamos		Nosotras Nosotros	molemos		Nosotras Nosotros	contribuimos
		Vosotras Vosotros	os acostáis		Vosotras Vosotros	moléis		Vosotras Vosotros	contribuís
		Ellos Ellas Ustedes	se acuestan		Ellos Ellas Ustedes	muelen		Ellos Ellas Ustedes	contribuyen
	Presente del subjuntivo:			**Presente del subjuntivo::**			**Presente del subjuntivo:**		
Yo	me acueste		Yo	muela		Yo	contribuya		
Tú Vos	te acuestes (ver comentario)		Tú Vos	muelas muelas		Tú Vos	contribuyas contribuyas		
Él Ella Usted	se acueste		Él Ella Usted	muela		Él Ella Usted	contribuya		
		Nosotras Nosotros	nos acostemos		Nosotras Nosotros	molamos		Nosotras Nosotros	contribuyamos
		Vosotras Vosotros	os acostéis		Vosotras Vosotros	moláis		Vosotras Vosotros	contribuyáis
		Ellos Ellas Ustedes	se acuesten		Ellos Ellas Ustedes	muelan		Ellos Ellas Ustedes	contribuyan
	Imperativo:			**Imperativo**			**Imperativo**		
Tú Vos	acuéstate acostate		Tú Vos	muele molé		Tú Vos	contribuye contribuí		
Usted	acuéstese		Usted	muela		Usted	contribuya		
		Vosotras Vosotros	acostaos		Vosotras Vosotros	moled		Vosotras Vosotros	contribuid
		Ustedes	acuéstense		Ustedes	muelan		Ustedes	contribuyan
	Imperativo negativo:			**Imperativo negativo:**			**Imperativo negativo:**		
Tú Vos	no te acuestes (ver comentario)		Tú Vos	no muelas no muelas		Tú Vos	no contribuyas no contribuyas		
Usted	no se acueste		Usted	no muela		Usted	no contribuya		
		Vosotras Vosotros	no os acostéis		Vosotras Vosotros	no moláis		Vosotras Vosotros	no contribuyáis
		Ustedes	no se acuesten		Ustedes	no muelan		Ustedes	no contribuyan

Aunque los residentes de Buenos Aires vosean correcta y lógicamente en el modo indicativo, no es así en el subjuntivo del presente ni en el imperativo negativo. En esos casos, suelen emplear la conjugación correspondiente con el **tú** con el pronombre **vos**. Para colmo, emplean el verbo **tutear** queriendo decir **vosear**. ¡Pero los queremos igual!

Comentario adicional: Lo explicado aquí de los porteños se aplica a los verbos de la **segunda y tercera conjugación**: los que terminan con **er** e **ir**. Sin embargo, en forma impredecible, el porteño puede o no conjugar correctamente los verbos de la primera conjugación (los que terminan con **ar**), según su estado de ánimo.

El voseo no es un "acento", entonación ni un canto: es un trato que puede combinarse con el "acento" o canto de cualquier región. Al preguntarle a una gran amiga colombiana por qué ella no voseaba aunque había nacido en una de las ciudades colombianas donde la gente suele vosear (Cali), me respondió diciendo que le gustaba el canto o el "acento" de dicha ciudad. Luego le aclaré que si quiere, puede vosear mientras conserva su entonación natural.

36

¿POR QUÉ TILDO MI APELLIDO?

Tildo mi apellido (Tépper) porque antes de hacerlo, tuve dificultades con muchos castellanohablantes cuando la gente lo pronunciaba mal. De hecho, lo pronunciaban como un verbo. Entonces le puse la tilde y se resolvió el problema. Que yo sepa, soy el primer y único Tépper tildado hasta la fecha.

FELIZ CUMPLEAÑOS NO ES IGUAL A HAPPY BIRTHDAY

Nos mintieron cuando nos enseñaron que *Happy Birthday!* era la traducción de **¡Feliz cumpleaños!** o viceversa. En realidad, *Happy Birthday!* se traduciría como **¡Feliz natalicio!** Es que en inglés, el enfoque de la celebración es el aniversario, no el de cumplir años. En castellano, es el hecho de cumplir otro año más.

¿Entonces cuál sería la verdadera traducción de **¡Feliz cumpleaños!** ? Claro, sería *Happy Turnday!*, ya que el verbo para cumplir (años) es *to turn*.

En castellano, los seres muertos no tienen cumpleaños, sino natalicios (aniversario de su día de nacimiento). En inglés, tanto los seres vivos como los muertos tienen su *birthday (birth day)*.

38

ALGUNOS SUEÑOS SE CUMPLEN...

En inglés y en castellano, la palabra **sueños** representa tanto los deseos o metas, como las manifestaciones mentales de imágenes, sonidos, pensamientos y sensaciones mientras dormimos. En este capítulo, voy a presentar uno que experimenté dormido y otros que son metas que espero que se cumplan próximamente.

El sueño que experimenté dormido

Al inicio de este sueño, me encontraba caminando en la acera, muy cerca del edificio donde mi amigo Carlos Matamoros tenía su oficina. Mientras lo hacía, vi una gata que cojeaba mientras trataba de avanzar. Me acerqué a la felina y vi que estaba herida. Me sentí muy apenado por la gata y la cogí en mis manos para ver si podía ayudarla. (Recuerda que esto fue un sueño.) Al levantarla y voltearla, vi que tenía el abdomen cortado, pero en lugar de ver sus tripas o sangre, vi componentes electrónicos: circuitos integrados, potenciómetros y hasta LEDs que titilaban. Pero no era un juguete, ¡sino una gata biónica!

Durante mucho tiempo, me pregunté qué significaría este sueño, sin llegar a ninguna conclusión. Se lo comenté a varios amigos y finalmente mi amigo (y traductor) Ánthony Palomo hizo un excelente análisis e interpretación. ¿Por qué me sentí tan conmovido al rescatar la pobre gata? ¿Por qué una gata herida… y por qué biónica? Según Ánthony, la gata para mí representa el idioma castellano. Tiene lógica, tomando en cuenta que fue la gata de mi abuela que cuando yo tenía ocho años me impulsó a aprender el idioma (tal como cubrí en la Introducción de este libro). Ánthony dijo que el hecho de estar herida es porque durante décadas he observado mitos, conspiraciones y faltas de ortografía y por eso la gata es vulnerable. Dice que me incliné a ayudar a la gata por lo mismo que lucho por perfeccionar el castellano ante tantos ataques. Finalmente aclaró que la gata era biónica porque trabajo con tecnología y porque muchas de mis castellanizaciones han sido tecnológicas ¡Gracias Ánthony!

Algunos sueños (metas) que veo para el castellano

- Que todas las escuelas e institutos del mundo

corrijan su forma de referirse al idioma castellano. Desde luego, en el mundo anglohablante, tendrán que llamarlo *Castilian*, palabra que figura en el título de la versión en inglés de este libro.

- Que la Real Academia Española restablezca el nombre apropiado, correcto y digno de su *Diccionario*: *Diccionario castellano de la Real Academia Española*.
- Que los gobiernos de Cuba, Guatemala y Panamá corrijan su respectiva Constitución para que todos indiquen **castellano** como idioma oficial.
- Que las respectivas alcaldías de las ciudades de Gabletes Coralinos y Mayami decreten estos nombres como oficiales (en castellano), tal como he explicado previamente en este libro… y que en Gabletes Coralinos, arreglen los letreros de las calles para incluir las tildes y eñes faltantes.
- Que el gobierno estadounidense active las tildes y las eñes en los nombres permisibles en los pasaportes. Es irónico observar que mientras actualmente el gobierno estadounidense rechaza los nombres tildados en el pasaporte, el propio pasaporte contiene palabras tildadas en su diseño básico… y uno de los sellos postales de nuestro país contiene un apellido tildado.
- Que Apple, Google, Microsoft y los otros creadores de sóftwer clasifiquen correctamente el idioma castellano en sus listados de lenguas.
- Que los institutos de las Américas tomen en serio la enseñanza de los tratos **vos** (singular) y

vosotras/vosotros (plural) con sus respectivas conjugaciones, para que sus alumnos estén completamente conscientes de la versatilidad del idioma que hablan o aprenden.

¡Viva el castellano! ¡Vivan los otros idiomas españoles también! ¡Abajo con el encubrimiento!

ACERCA DEL AUTOR

Nacido en Connécticut en los Estados Unidos, Allan Tépper es asesor, autor de múltiples títulos, periodista tecnológico, traductor y activista lingüístico, que desde los años ochenta se especializa en sistemas profesionales de video y audio. Desde 1994, Tépper asesora tanto a usuarios como a fabricantes vía su empresa local. Vía TecnoTur, Tépper ha dado seminarios en varias universidades e institutos en Estados Unidos, España y media docena de países latinoamericanos, en su propio idioma. Tépper ha sido invitado frecuente en varias emisoras de radio y TV en Colombia, España, Estados Unidos, Guatemala y Venezuela. Como traductor certificado por la ATA (American Translators Association), ha traducido docenas de anuncios, catálogos y manuales técnicos para los mercados de España y Latinoamérica. También ha redactado libros blancos contratados para fabricantes. Sus artículos han salido —completos o citados— en más de doce revistas, periódicos y medios electrónicos. Desde el 2008, sus artículos han salido frecuentemente —en inglés— en la revista *ProVideo Coalition*. Además, desde el 2014, es el fundador y director de la radio *CapicúaFM*. Puedes suscribirte a sus boletines gratuitamente al visitar boletines.Allan-

Tepper.com. Más información sobre sus actividades radiales en radio.AllanTépper.com

OTRAS OBRAS DE ALLAN TÉPPER

Aunque la mayoría de los múltiples libros de Allan Tépper se encuentran en libros.AllanTepper.com (y también en books.AllanTepper.com), cada libro multimediático cuenta con un enlace específico para asegurar que elijas la versión indicada, según la plataforma indicada para tu tableta o teléfono inteligente:

- *El encubrimiento de la Real Academia* se encuentra en ElencubrimientodelaRealAcademia.com
- *The Royal Spanish Coverup* se encuentra en TheRoyalSpanishCoverup.com

AGRADECIMIENTOS Y DIVULGACIONES

Allan Tépper es el director de TecnoTur LLC. Ninguna de las empresas mencionadas en este libro ha pagado por figurar en este libro, aunque algunas han contratado a Allan Tépper o TecnoTur LLC por sus servicios profesionales y viceversa. Ciertos enlaces tipo afiliado que figuran en este libro podrían beneficiar a Allan Tépper o su empresa TecnoTur LLC .

Asesoría gráfica

- Andreína Asciano Toro

Imágenes

- El retrato de Antonio de Nebrija se encuentra en el dominio público, cortesía de sus hijos.
- El retrato de Miguel de Cervantes se encuentra en el dominio público.

- La foto del Papa Juan Pablo II se encuentra en el dominio público, cortesía de Rob Croes (ANEFO) - Esta imagen ha sido extraída de otra: JohannesPaulusSimonis1985.jpg, Creative Commons 4.0.
- La foto de Vicente Fox Quesada se encuentra en el dominio público, por cortesía de Noticias e Información de la Presidencia de su país.
- La foto de Ilan Chester es cortesía de él mismo.
- Las fotos del autor (Allan Tépper) son de Ángela Toro (AngelaToro.com) y KutiPhotos.com.
- La foto de la portada del *Diccionario de la lengua Castellana compuesto por la Real Academia Española* se usa bajo la Licencia de documentación libre de GNU. Gracias a Rhurtadon por dicha foto.
- Las fotos de los otros diccionarios las tomó Allan Tépper.

Marcas

Todas las marcas mencionadas en este libro pertenecen a sus respectivos propietarios.

Revisiones

Isaías Abrutzky

www.ingramcontent.com/pod-product-compliance
Lightning Source LLC
Chambersburg PA
CBHW071351080526
44587CB00017B/3061